IVY HYLANDS lost her father at an early age and shortly thereafter was separated from her sisters. The unfortunate result was that she grew up experiencing little genuine affection. However, she was eventually introduced to her husband, and at last was able to bask in the glow of being truly loved. They were married for fifty years and raised three children together. Her husband died in 1997, leaving behind his loving wife and family. This is Ivy Hylands' first book.

My Life as a Blue Coat Girl

My Life as a Blue Coat Girl

Ivy Hylands

ATHENA PRESS
LONDON

My Life as a Blue Coat Girl
Copyright © Ivy Hylands 2007

ISBN 10-digit: 1 84401 935 7
ISBN 13-digit: 978 1 84401 935 9

First Published 2007 by
ATHENA PRESS
Queen's House, 2 Holly Road
Twickenham TW1 4EG
United Kingdom

Printed for Athena Press

Preface

Looking back over sixty years, I recall my experiences while attending the Girls' Blue Coat School in Priory Row, Coventry. This big old house, at one time a priory, was steeped in history. It was founded in 1714 with voluntary contributions as a school for girls. The girls were to be trained as domestic servants and then sent on to their relative posts. A noticeboard by the gate of the school commemorated Lady Godiva and Earl Leofric.

The house was linked to many trustees, most of whom were on Coventry Council. It also had links to Holy Trinity Church, situated just a few yards away.

Step back in time with me as I show you the kind of life we lived.

Contents

Life before the Blue Coat School

I was born in Coventry in July 1925 in New Street, which was in the shadow of old Coventry Cathedral and a few hundred yards from the Blue Coat School, which was to play such a big part in my life.

Two years later, we moved to Jesmond Road and in March 1927 my younger sister, Joan, was born. When she was only two days old, my father died. I had two older sisters, so my mother was left with four small girls to bring up, all under the age of seven. I knew very little about my father, except that he was Welsh and had come from Swansea. He had been in the Royal Welsh Fusiliers in the First World War and had lost the lower part of one of his legs. One of his relatives, George Jeffreys, had started the Pentecostal Church; another relative, named Hayden, was also mentioned, but we were never told anything more about our father or his family, which I deeply regret.

Life was very hard, as we only had Mum's pension to live on, and as there were no payments for children, Mum used to take in washing. She did laundry for neighbours as well as washing men's overalls for workers at the local BTH (British Thompson Houston)

With my sister Eleanor before I entered the Blue Coat School. She went to Dr Barnado's with Joan in 1933. She was eleven and I didn't see her again until she was seventeen.

factory. Although Mum had to light a fire under the copper in the kitchen to boil the water, it was used nearly every day, along with baths of blue and starch. Every article was ironed.

As time went by, Mum had to put us children into care. Joan and Eleanor went first; they were sent to Dr Barnardo's home in Barkingside, Essex. Mary, the eldest, was sent to a convent in Kenilworth. She was only there a few months, as she was then of an age to be employed, and she often visited me. I was the only one left and soon it was my turn. Joan had only been six when she went, and I didn't see her or Eleanor again until Joan was twelve. I always regretted our family being split up and wondered what my dad would have thought of it.

When I was nine years old Mum and I lived in lodgings in Holbrooks Lane. Mum worked at the Geisha Café in Herford Street and did not get home until about nine o'clock in the evening. I used to wait by the side of the road for her to come along on her bike; she would bring me something to eat.

At that time I was a pupil at Pridmore Road School. One afternoon I was sent to the headmistress's room; there was another lady waiting with her. The headmistress said that I must go with this lady. She said I had been a good pupil and gave me a book. It was entitled *Through Golden Gates to Verseland*, and contained some lovely poems.

I was very frightened, and wondered where Mum was, and who this lady was. She spoke kindly and told me that she was one of the 'Greyladies' connected to a church – I forget whether it was Holy Trinity or the Cathedral. She took me to the Blue Coat School.

My Admittance

When we arrived, we stood outside for a minute, and I took in the sight of what was to be my new home. There was an arch over the gate at the entrance, with letters in a half-circle reading 'GIRLS' BLUE COAT SCHOOL, FOUNDED 1714'. There was a long drive leading to the house with a big open area in front, which contained the ruins of a priory. There were large pillars, which had been broken off and chipped over the years, and there was a large noticeboard explaining the ruins and the history of the house. The house itself was three storeys high, with gargoyles on the walls. It was indeed very impressive, but also very intimidating for a nine-year-old girl. As you walked up the path there was a large open courtyard on the left where a number of girls were sitting having their tea.

We went to the front door. The lady pulled on a large iron handle and a bell clanged somewhere inside. The big door opened and I found myself looking up at a plump lady with short hair and glasses. This was Matron. I felt terrified.

I was shown inside and taken to a tiled hall, which had three doors leading from it. One led to Matron's

Monastery Ruins and Blue Coat Schools, Coventry.

The ruins of the priory in front of the Blue Coat School, which we used to enjoy weeding. The house on the left belonged to the verger of Holy Trinity Church, Mr Ingram.

dining room, one was to the sitting room and the third was the door to the wood cellar. There was an oak table in this hall, and on it was a large brass bell which I was told was rung for meal times. In the corner was a large grandfather clock, and on the wall was a large plaque with the names of the trustees of the school written on it.

There was a second hall adjoining the first. This had four doors, one to the kitchen, one to the outside, one to the pantry and the fourth led to the coal cellar. A flight of stairs led up from this hall. There was no carpet on the stairs, which were highly polished.

Matron went into the sitting room with the 'Grey-lady' and I just stood there, sobbing. Another lady came out of the kitchen. She was tall and slim and wore glasses, but she had a kind face. This was Miss. She sat on a chair and pulled me onto her lap.

'Come on, little one,' she said. 'I'll get you some tea and then you can meet the other girls.'

'No,' I said, 'I want my mum.'

'Your mother will be here soon,' she said.

I was pleased to hear that, so I followed her into the kitchen. The tea consisted of two half-slices of brown bread and margarine, and two half-slices of white bread and jam. I was also given a mug of cocoa. This was to be my regular tea for the whole time I was there, but it was better food than I had ever known so I was glad of it.

Suddenly the front doorbell rang and there was Mum with two men. They went into the sitting room.

After a few minutes, I was taken in.

'Mum,' I said, 'I don't want to stay here.'

'You'll be all right,' she said.

One of the men had some forms, which he gave to Mum.

'Will you first sign here?' he said to her.

'How long will she be here?' Mum asked.

'Until she's sixteen, and then she'll go into domestic service,' he said.

Sixteen, I thought. That seemed a hundred years away. I yelled out, 'Don't sign, Mum!' and tried to snatch the forms.

All of a sudden, I was in Matron's vice-like grip.

'Don't be a baby,' she said. 'You're a big girl.'

Mum went shortly afterwards – she, too, was crying.

My Introduction to the Other Girls

'Come and meet the other girls,' Miss said, as she led me out of the sitting room.

The girls were outside in a small yard, and were playing with a ball and a large skipping rope. I stood watching them and they all stopped and looked at me.

'What's your name?' the eldest girl asked.

'Ivy,' I said. She told me the names of the other girls: there was Gertrude, Doris, Jean, Madelane and Mary – who were sisters – Joyce, Ethel and Eileen. Those are the ones I remember.

After a little while, I was called into the kitchen by Miss. On the table was a pile of clothes: a denim dress, vest, black knickers and black stockings.

'You will be number fourteen,' she said. All the clothes had the number fourteen on them.

She took me into the hall, where there were lines of coat pegs, and showed me my hook. On it was a cloak with my number. She then asked Gertrude to take me to the schoolroom, which was a huge room with no ceiling – you could look right up into the rafters. The floorboards were bare and highly polished. There was a row of large wooden boxes under the windows which

The Blue Coat School. The open courtyard is on the left. The ruins were stripped of the large pillars of the former priory by archaeologists who also removed the entire adjoining graveyard and the belfry with its lovely peal of bells.

were latticed with lead; between each box was a chair. I was shown to one box and told that it was my locker. When I lifted the lid there was a number fourteen written on the underside. I put my poetry book there. I was then shown a large cupboard which was divided into squares; in each section there was a pair of large black boots and a pair of wellingtons. Again, Gertrude showed me my section.

There was a large bookcase full of books and board games, and a huge mirror on the wall next to a big wardrobe, which was kept locked. I was told that this contained our Sunday uniforms and other clothing. There were heavy, blue velvet curtains stretched right across the room; and, in the top left-hand corner of the room, was a piano.

'Come and see the oratory side where we have prayers,' said Gertrude. She took me through the curtains, where I was amazed to see long oak pews like they have in church; there was lino on this floor. There was another bookcase full of books and another blue velvet curtain, behind which was a prayer table with a Bible and hymn books on it, and a crucifix on the wall above it. A small rug was in front of the table and two latticed windows; this section was for Miss or Matron to conduct prayers. In the oratory side of the schoolroom was a large painting of a vicar. The eyes were staring straight at me and made me feel very uneasy.

There were only two toilets for the girls and they were in the open courtyard. Stairs from there led to the schoolroom, so we had to use these as we were not allowed to use the front stairs which led to the hall. There was a landing outside the oratory which led to the lower dormitory, which was next to Matron and Miss's bedroom. There was a second flight of stairs with a landing, which led to the top dormitory. Off this room was a small bedroom with just two beds in it and a bathroom with a large bath, a large shelf and a table with two enamel bowls on it. On the shelf was everyone's mug, toothbrush and toothpaste, and hooks for all towels and flannels. Matron's bathroom was halfway down the front stairs.

I was allocated to the lower dormitory and shown my bed. A white flannelette nightdress was on top of the bed and also a blue bag with a brush and comb inside. I had already been given a pair of black pumps to wear round the house.

I put on the nightdress and went to get into bed.

'No!' said Doris, the older girl in our dormitory. 'You must say your prayers first.'

I knelt by the bed and asked God to please help me.

Adapting to a New Way of Life

When I woke the next morning, we had to go to the laundry, which was by the side of the play yard, to have a wash. There was a clothes line inside with towels and flannels pegged on, and so I got mine and had a strip wash in cold water. In winter we would use the bathroom and have warm water.

We all went into the kitchen and after saying, 'Good morning,' to Miss and saying grace, we sat down. Miss did all the cooking. She put out bowls of porridge with brown sugar and milk beaten in, and one of the girls passed the bowls round. Miss then made the cocoa which was put in a saucepan with sugar, milk and water and boiled up. Doris made tea for Miss and Matron and fried their bacon and eggs and made toast by the fire, on a large black range, which heated the water. The bacon smelled delicious but we never got any.

After breakfast, we cleaned our teeth and I was given a school dress to put on, which was made of cotton with a collar and a belt. I was not keen on the boots which laced up to our knees, but these gradually gave way to shoes for winter and socks and sandals for

Coventry always paid a yearly tribute
to our founder, Lady Godiva.

summer. I put on my cape (which was later changed for a navy gabardine mack) and set off for school. As we left we had to shout, 'Goodbye, Miss and Matron!'

I went to St Michael's school until I was eleven. I liked school and tried hard. We used to go on nature rambles at the back of Coventry Cemetery and do running, while the boys would play football on Whitley Common. When I was nearly eleven, I was the fastest runner in the school and was put down to run for the school on sports day at the Butts Stadium. Can you imagine my horror when, on the day, Matron would not let me go because it was raining!

All the other girls were given a towel and a swimsuit to go swimming, but Matron would not let me go as she said that I was so nervous I would drown myself. This was not true, as I had been to the baths with Mary before and had enjoyed it.

My biggest disappointment was after I had taken my eleven-plus exam, to determine my next school. I tried really hard and was given my report to take to Matron. My heart was thumping as I handed her the sealed envelope.

She took it out and read it and said, 'Well, you have passed your scholarship and have won a place at Barrs Hill School.'

How lovely, I thought. Barrs Hill was one of the best schools in Coventry and I desperately wanted to learn languages and was interested in learning good cookery. I was so happy, but her next words shattered all my hopes.

'Oh, don't worry,' she said, 'you're not going. You can't wear their uniform. You will go to Wheatley Street School.'

I thought that this was stupid, as they too had a uniform, but I knew it was no use objecting.

I really cried myself to sleep that night. I used to cry quite often, mostly for my sisters and also for my father, who I had never really known. I felt that my mum had let me down.

Occasions I Enjoyed,
and Things I Did Not

One of the days I used to enjoy was Blue Coat Sunday, when we used to have a special service in Holy Trinity Church. The church was packed. The Mayor and Corporation came in all their robes, and police and all sorts of people in uniforms attended. The Blue Coat girls had to sing all but one verse of a hymn by themselves, even the choir was quiet. We practised singing for weeks beforehand with Miss Bold, who came every Friday evening to play the piano in the schoolroom while we sang. She also taught us dancing.

After the service on Blue Coat Sunday, some of us girls would have to stand at the doors of Trinity Church with collecting plates. I had never seen so much money and the verger kept coming to empty the plates.

I also enjoyed Christmas. We would go to evening carol services in the week leading up to Christmas. On Christmas morning, we would go to church and when we came out we would be allowed in the sitting room, which had been locked up for a fortnight with the curtains drawn. What a lovely sight! An enormous, heavily decorated Christmas tree and a pile of presents

A view of the Holy Trinity Church from the Blue Coat School. The church on the left is Coventry Cathedral.

on the table. There would be a trustee there and we would have to form a queue in front of him and tell him our name. Matron would pass the appropriate gifts and he would give them to us and wish us a happy Christmas.

We had lovely Christmas dinners and Matron would set fire to the Christmas pudding, which was full of silver sixpences and threepenny bits. In the afternoon, we would all assemble in Matron's dining room to hear the King's speech and the national anthem. Then us girls would put on a little concert for Matron, Miss and the verger, his wife and their two children. After tea we would have some sweets and play board games until bedtime.

On Boxing Day we all used to go home for the day, as we also did on Easter Monday and for a week in August. The biscuits, chocolates and sweets we brought back were put into a large 'goody box' and once a week one pack would be shared between everyone. Once I brought back a lovely tin of chocolate biscuits and was longing to try one, but that evening I was sent to bed just before tea for some silly thing I cannot remember. The next day I was given the empty tin. 'We had your biscuits last night,' I was told, 'and they were lovely.'

On Saturday afternoons we were sometimes sent to walk round the Memorial Park. We were sent in twos, with five minutes between each pair. I really enjoyed that. Sometimes, we would take lunch and stay there all day, and play hide-and-seek and ball games. Once a year we went to a farm at Brinklow. We travelled by bus, which was a treat. There were always a lot of people there and the older girls had to wear their Sunday uniforms and wait at table.

We loved looking at the pigs, cows, ducks and chickens, and we were allowed to play in a huge barn with a loft full of hay. We had plenty to eat after the guests had left the dining room.

There were sometimes visitors for Miss and Matron. One was an elderly lady who walked with a stick; she slept in the little bedroom off the top dormitory. She would go into the schoolroom after we had gone to bed and play the piano and sing. She had a beautiful voice and we enjoyed listening to her.

As for punishments – which were given for very trifling things – there was quite as assortment. Writing lines, standing in the corner, chopping firewood all Saturday afternoon, washing all the chamber pots, being hit with a wooden spoon, cleaning all the boots and shoes, and being sent to bed for sometimes as much as a day and a night, even in the hot summer! And occasionally after you had fallen asleep at night, you were woken up and told to get up and scrub the hall.

Our Sunday uniform consisted of a black dress with buttons to the waist, a starched white apron, a starched white linen cap and a white starched pleated tippet. With these, we wore blue woollen knee length stockings and yellow woollen elbow length mittens. The caps were difficult to put on and no hair was allowed to show.

We had a black cat called Dinky and it was very often my lot to buy a cod's head from the fish market, boil it and bone it for him. I used to hate the eyes rolling out and the sharp teeth.

Before the older girls left for their domestic servants' jobs, they were helped to make their new uniform of working dresses and large aprons. Matron made all our dresses and was very good at it. The afternoon dresses, lace caps and aprons, though, were bought. We would all get excited when someone left, and I was really looking forward to being a servant in someone's house. We all had to work hard; even the youngest, Gladys, at seven years old, was given jobs. The whole house was kept clean and shining and the ruins free of weeds.

Broadgate in the centre of Coventry as I knew it before the war

Some Interesting Events

I remember when the half-timbered shops and houses in Butcher Row were pulled down to make way for Trinity Street. It was very close to the rear of the Blue Coat School, so the noise and dust was terrible.

Matron was worried that there would be a lot of rats about, and one of them did get up the back stairs and into the schoolroom. Matron put rat poison round the schoolroom and the oratory side and it was locked until the rat was found dead – which it was, about a week later. We were all relieved when this happened, but we still kept a tight watch as it was quite a while before the site was cleared and Trinity Street was built.

One day, I was in the schoolroom when I heard a terrific bang, which shook the whole building. It turned out to be an IRA bomb, which had been left on a bicycle outside Samuels, the jeweller's in Broadgate. A young couple were inside choosing a wedding ring and I believe they were both killed.

One Friday, I had been sent to bed for a punishment while the others were having dancing lessons in the schoolroom with Miss Bold. I made a plan to run away, but as I crept down the front stairs and went into the kitchen, Miss caught me.

'What are you doing up?' she asked.

'Please can I go to the toilet?' I said. 'I've got a stomach ache.'

'All right,' she said. 'Don't be long.'

I went into the toilet and then crept out and climbed over the rail and down into the ruins. I was by one of the broken pillars when I heard the gate open. I peeped round and saw Matron shutting the gate. My heart was racing as I hid behind the pillar. When she went in the front door, I climbed back into the court-yard; all thoughts of escaping had gone.

When I went into the kitchen, Miss said, 'You've been a long time!' and stared at me.

I felt myself going red as I said, 'I had a bad stomach ache,' and went back to bed. I don't know if I would have gone home – my mum had got married again and I didn't like my stepfather.

Next to the Blue Coat School was a graveyard and a large belfry with owls in it. We used to hear the owls at night-time and see them in the daytime, when they were in the trees. At Halloween I used to be frightened by the thought of the dead coming out of the graves, so I didn't look out of the window in case I saw them.

One night I was in a deep sleep when I was woken up by loud screaming. The others all woke up too and we wondered what was wrong. We all listened with thumping hearts as we heard Miss and Matron shout-ing, 'Police!' After a while, Matron came into the dormitory and explained that a burglar had climbed in through the sitting room window and they had shouted for the police, who came from Broadgate, a little way away. The man had escaped through the ruins. The next day, detectives came and made plaster casts of footprints in the ruins. I do not remember if he got caught, but the police gave Matron a whistle to blow if anything else like that happened, as we did not have a telephone.

World War creates the Finale

Everything changed when the Second World War started, when I was fourteen. I'll never forget 3 September 1939. Mr Chamberlain was due to speak on the wireless. We went to church for the eleven o'clock service as usual. When we got back we were told to assemble in the kitchen. We waited there wondering what was going to happen.

Miss and Matron came in looking very stern.

'Girls,' Matron said, 'at eleven o'clock this morning, Mr Neville Chamberlain announced that we are at war with Germany.' She added that there might be many changes made. We all looked at each other in shock.

Although other girls had been admitted since I first went there, there were now only seven of us and I was the eldest. During the next few weeks, strange things happened. We took spare mattresses down to the wood cellar, which we were told would be used as an air raid shelter. The verger came round with our gas masks and showed us how to use them. They smelled awful and made a funny noise when we breathed out.

Then came the day when we were told that we were all going home and we had to pack our few possessions.

Most of us had at least one parent. I remember standing in the kitchen waiting to be collected. The Blue Coat School had been my home for so long and the girls so like my family that the tears just poured down.

Matron and Miss wisely hid any emotion, but I could tell from their faces that they knew this was the end for them too. They had spent their lives training girls, and I secretly thanked them. At least I had been secure there and the discipline and strict moral rules strengthened my character. I said my goodbyes and walked down the drive and through the gate for the last time. I felt insecure with my dream of service gone. What would my future be, especially with the world at war? I silently prayed again, as I had years before, *Please God, help me.*

*United with my sister Joan just after I left the Blue Coat School.
She was twelve and I hadn't seen her since she was six.*

Life in Wartime Britain

When I left the Blue Coat School I walked with Mum to our house in Spon Street; I was glad that my stepfather had been called up for the war, as he was always drunk and had been beating Mum. He was on the reserve for the Black Watch and had spent years with them in India.

Mum and I entered the house and there were two girls sitting on the settee.

'Who are those girls?' I whispered to Mum.

'They are your sisters,' said Mum.

Mary came in later, so we were all together at last, but it was a bit strange as we had been parted for so long. Joan was now twelve years old, Eleanor seventeen, Mary eighteen, and I was fourteen. Our family life together lasted only months – from January 1940 until the Coventry blitz on 14 November 1940, when we were bombed out and lost everything. Mary and Eleanor remained in Coventry, but Mum, Joan and I went to Scotland to my stepfather's sister. It didn't work out as we couldn't find employment, so we went back to Coventry in March 1941.

We had been in our council house for two weeks

when we had an incendiary bomb through the roof which set fire to our bedroom; but we didn't leave Coventry again.

I never saw any of the Blue Coat girls again except Joyce, who told me that her sister Violet was killed in the blitz. I called at Canon Clitheroe's house to enquire about Miss and Matron, and was told that they had gone to live in a nursing home in Malvern. I often walk past the old Blue Coat School, and so many memories flood back. The lovely ruins of the priory, the graveyard and the belfry with its distinct campanula have all been stripped bare by archaeologists, hence my reason for writing this book. It is also a tribute to Matron and Miss for devoting their lives to Blue Coat girls.

O debbo passar qualche mille lire, che peraltro non dispongo, agli ufficiali di anagrafe perché con tratto di penna o bruciatura di registro di stato civile ci facciano di razza ariana?

O dobbiamo andarcene? E dove se qui è la nostra casa, il lavoro nostro e, da sempre, qui dormono in pace i nostri morti?

Allora, Eccellenza Mussolini, che fareste Voi, che fareste? Spero che nel Vostro cuore troviate presto una risposta. Che V'interroghiate e sappiate tornar rettamente sulla giusta strada.

Altrimenti ogni sofferenza, fatta a questi figli innocenti della famiglia italiana, cadrà su di Voi. Che il mio cuore di madre, nell'aprirsi con tanta sincerità, possa trovar ascolto.

Dina M.

Ghirlanda (Grosseto), 2 marzo 1941
Eccellenza Mussolini Benito
Capo di Governo

Ho l'alto onore di comunicare a Voi Eccellenza che mio marito combattente sul fronte Albanese, ha già contribuito al versamento di sangue per la nostra amatissima Patria. Per gloriose ferite riportate in combattimento nei giorni scorsi febbraio.

Dal Ministero e dal Federale della Provincia di Grosseto ho appresa la notizia con stoica rassegnazione degna proprio dell'ora in cui viviamo.

Auguriamoci che i nostri bravi e gloriosi combattenti e la Valentia Vostra per Vostre Direttive possano al più presto condurci al conseguimento della Meritata Nostra Vittoria. E così schiacciare una buona volta e per sempre il nemico nostro Numero Uno, il maledetto barbaro e incivile Inglese.

Olga S., moglie di N.S.

Predappio, 28 novembre 1941
Eccellenza,

Io sottoscritta P. Dina, contadina del Podere Valeria, in questo momento di guerra e di dolore non volevo disturbarVi: ma il bisogno mi vince scusatemi:

mi trovo con sei bambini tutti piccoli inferiori ai 13 anni. E per il Santo Natale debbo partorire il settimo figlio; ne ho 4 che vanno

a scuola e sono sprovvisti di indumenti e molte volte non posso mandarli perché non ho di che cosa vestirli senza scarpe senza vestiti d'ogni sorta senza i soldi abbiate pietà.

Fa' che il Vostro cuore è sempre pronto ad aiutare i poveri; Posso di vero cuore ringraziare la Vostra amatissima sposa Donna Rachele che in avanti mi aiutò a vestire un po' i miei bambini. Vi ringrazio di vero cuore, Sincerità di madre augurandoVi una salute ferrea a Voi a RingraziandoVi una seconda volta.

Vincere!

Vostra Dina P.
contadina figlia di M. Giovanna

Trento, 15 giugno 1940
All'Ecc. Benito Mussolini
Roma

Nel Vostro discorso del 16–5 scorso ai camerati trentini avete precisato che in politica 'non deve esistere il sentimento. In politica sussiste solo l'interesse.' Ebbene dovete tener presente che il popolo italiano non si è mai lasciato trascinare dal vile interesse. Il popolo italiano si batte per l'onore.

Duce, la dichiarazione di guerra alla Francia è un'azione ignobile. Un uomo di onore non uccide un ferito. Voi passerete alla storia coperto d'infamia.

Siete andato contro la coscienza del Vostro popolo. Esso sarebbe stato concorde nel lottare contro l'invasione tedesca, considerando il popolo francese come un fratello.

Non si nega che la Francia abbia avuto i suoi torti, ma la Germania? Di fronte al lieve incidente delle sanzioni volete Voi affogare venti secoli di storia? Impossibile. I Vostri avi ci hanno trasmesso nel sangue l'odio per le 'iene grigie'. Noi restiamo insensibili davanti alla Vostra parola infiammata, ma dettata dalla sola ambizione.

Sempre nel discorso del 16–5 avete accennato con tono beffardo 'a coloro che pregano per la pace'. Voi non credete all'esistenza di Dio e Ve ne infischiate delle preghiere, poiché solo Voi in Italia avete la facoltà di scegliere la guerra o la pace.

Adagio.

Fino a quando potrà durare la Vostra egemonia? Siete potente, ma non siete immortale. Al pari del più misero mendicante, <u>anche Voi dovrete morire.</u>

Avete osato sfidare Dio.

Incosciente! Chi pon mano alla spada, perirà per la spada. Il sangue di tanti innocenti si riverserà su di Voi e sui Vostri figli. Circola insistente la voce che Francia e Inghilterra Vi abbiano fatto delle offerte, purché l'Italia rimanesse neutrale. Non sappiamo se questa voce sia vera. Dalla stampa – definita ironicamente 'la voce del padrone' – non si può capire nulla. Essa ci strombazza le notizie deformate, per non dire capovolte.

Se quella notizia fosse vera, Dio Ve ne guardi! Scoppierebbe una rivoluzione contro il fascismo da annientarlo completamente. Si sente ripetere anche che la nostra dichiarazione di guerra sia finta parata per la Germania. In realtà si tratta di una presa pacifica di possesso delle terre, da noi desiderate, di comune accordo con Francia e Inghilterra. È tanto infamante la nostra guerra che ancor oggi il popolo non vuole credere.

Qualunque sia la verità soltanto Voi potrete conoscerla. Noi non vogliamo conoscere gli affari di Stato e ce ne laviamo le mani. La responsabilità della guerra ricade interamente su di Voi.

Ecco il 'vibrante entusiasmo' con cui il popolo italiano ha accolto la Vostra dichiarazione di guerra.

Voi siete rimasto troppo in alto e non avete mai inteso le aspirazioni di esso.

In politica non esiste sentimento? Ma credete che gli italiani sono pupazzi di legno senza anima e senza cervello? Se avete soffocato la libertà di parola, d'azione e di stampa, non avete impedito al popolo italiano di 'sentire'.

A Voi l'arbitrio del Vostro destino. Vedremo i risultati.

Lina Romano

Genova, 28 ottobre 1942

Duce, ho perso mia figlia, di sette anni, nel bombardamento di giovedì scorso.

Solo dopo quattro giorni di scavo hanno trovato quello che era il corpo della mia creatura. Quei giorni di attesa non li auguro nemmeno al peggiore degli esseri umani.

Davanti alle macerie, impietrita, non ho sentito neppure gli altri bombardamenti che hanno fatto seguito nei giorni dopo. Voi non potete conoscere il tormento di perdere, in così tenera età, l'unica creatura che mi dava ragione di vivere.

Dovete chiudere questa guerra, al più presto. Ve lo chiedono tutte le madri che trepidano, che piangono lutti e subiscono questo strazio senza fine.

Questa non è una guerra tra soldati: in prima linea siamo noi che stiamo a casa.

Che c'entrava una bimba di sette anni con la guera? Con l'Inghliterra e l'America? È possibile che si possa morire così, col terrore nel cuore e dopo aver vissuto per mesi correndo randagi nei rifugi, patendo il freddo, stringendosi gli uni all'altro al buio mentre la terra trema come fosse vicina la fine del mondo?

Ma non V'accorgete che le vite che ci avete detto di mettere al mondo vengono sacrificate in questo massacro che non ha più nome? Non Vi rimorde la coscienza? Non pensate ai vostri figli e al mondo senza speranza che s'apre davanti a noi tutti?

Ogni sentimento, anche il più sacro, viene calpestato da questo terrore che dilaga e che non si può contenere: al rifugio di Porta Soprana ci sono stati decine di morti perché tanta era la paura da non poter rispettare l'ordine di ingresso … la valanga umana ha spazzato via tutto strappando i figli alle madri, passando sopra anche ai corpi di neonati pur di trovare un buco nel rifugio. Quei morti ancor prima che dalle bombe sono stati uccisi dalla paura che ci attanaglia e che solo la fine della guerra può guarire.

Che può essere di noi se ci obbligate a vivere in questa barbarie? Che sarà delle famiglie smembrate? Così crudelmente decimate?

DecideteVi a chiudere la guerra, Duce, perché la vita per chi non muore è peggio della morte.

Enrica D.

4.3   Benito Mussolini, 'L'Italia è fascista e il Fascismo è l'Italia', in *Dizionario Mussoliniano. 1500 affermazione e definizioni del DUCE su 1000 argomenti,* **ed. Bruno Biancini (Milan: Hoepli, 1940), 90–5.**

Perhaps influenced by a superficial reading of Nietzsche when he was a young man, Mussolini liked to speak in aphorisms. They were often painted on public spaces such as the walls of buildings or train stations and reprinted in the fascist newspapers. Children would often be forced to recite them at school. Most often heard were 'Mussolini ha sempre ragione!' and 'Credere! Obbedire! Combattere!' Here are a few more that reveal much about the man and the regime he created.

'Siamo pronti a osare, a combattere, a morire perché i frutti della Rivoluzione fascista non siano dispersi.'

'Noi marceremo con passo sicuro e romano verso le mete infallibili.'

'Chi non è con noi è contro di noi.'

'O fascismo o antifascismo.'

'Agite con me, collaborate con me per dare agl'Italiani il senso gioioso, eroico e umano della vita.'

'Periscano tutte le fazioni, ma sia grande, sia rispettata la Patria italiana.'

'Guai a coloro che volessero fermare nel suo fatale cammino la generazione che ha assunto nelle trincee i suoi privilegi di nobiltà, i suoi titoli di grandezza! Indietro non si torna!'

'Per la causa della Rivoluzione fascista, siamo pronti a vivere, pronti a combattere e pronti a morire.'

'Si tiene duro e si dura.'

'Noi vogliamo che l'Italia sia grande, sia sicura, sia temuta!'

'Il fascismo, consacrato dal sangue dei nostri Martiri, è invitto e invincibile.'

'Bisogna essere di qua o di là.'

'Tutto il potere a tutto il Fascismo!'

'La bandiera della Rivoluzione fascista è affidata alle mie mani.'

'Il Fascismo è tutto il popolo italiano.'

'Vivere è la lotta, il rischio, la tenacia.'

'L'Italia fascista può, se sarà necessario, portare oltre il suo tricolore. Abbassarlo mai!'

'Quando spara il cannone è veramente la voce della Patria che tuona.'

'Fermarsi significa retrocedere.'

'Io vi porterò sempre più in alto, sempre più avanti.'

'Unica è la fede: l'amore di Patria; unica è la volontà: fare grande il popolo italiano.'

'Stiamo penetrando in ambienti e in fortilizî che parevano chiusi alle nostre conquiste: soprattutto stiamo penetrando nelle anime.'

'L'Italia è fascista e il Fascismo è l'Italia.'

'Le mie parole vengono dopo i fatti.'

'Noi siamo un popolo che sale.'

'Un secolo intero ci appartiene.'

'O l'amicizia preziosa o l'ostilità durissima.'

'Noi siamo contro la vita comoda!'

'Si rinnovano gli istituti, si redime la terra, si fondano città.'

'Il credo fascista è un credo eroico, nella forza della volontà umana, intelligente e operante.'

'Il credo del fascista è l'eroismo, quello del borghese l'egoismo.'

'Solo Iddio può piegare la volontà fascista, gli uomini e le cose mai.'

'È l'aratro che traccia il solco, ma è la spada che lo difende. E il vomero e la lama sono entrambi di acciaio temprato come la fede nei nostri cuori.'

'A coloro che pretenderebbero di fermarci con carte o parole, noi risponderemo col motto eroico delle prime squadre d'azione ed andremo contro chiunque, di qualsiasi colore, tentasse di traversarci la strada.'

'Noi tireremo diritto.'

'Nessuno pensi di piegarci senza avere prima duramente combattuto.'

'Chi ha del ferro ha del pane; ma quando il ferro è ben temprato trova, probabilmente, anche l'oro.'

'Noi siamo gli imbalsamatori di un passato, siamo gli anticipatori di un avvenire.'

'I popoli che non amano portare le proprie armi finiscono per portare le armi degli altri.'

'Roma doma.'

'L'Italia ha una volontà sola, un'anima dura e marcia diritto.'

'Mentre in tante parti del mondo tuona il cannone, farsi delle illusioni è follia, non prepararsi è delitto. Noi non ci illudiamo e ci prepariamo.'

'Frontiere tracciate con gli inchiostri, da altri inchiostri possono essere modificate. Altra cosa quando le frontiere furono tracciate dalla mano di Dio e dal sangue degli uomini.'

'Nel clima fascista i precedenti non sono necessari. Preferiamo crearli.'

'Nessuno ha potuto fermarci. Nessuno ci fermerà.'

4.4   Gaetano Salvemini, 'Londra 1928 e America 1929', in *Memorie di un fuoruscito* (Milan: Feltrinelli, 1960), 105–14.

Born near Bari in the Mezzogiorno, Salvemini (1873–1957) won a scholarship to study at the University of Florence. As a historian, he made his mark with important studies on medieval Florence, the French Revolution, and Giuseppe Mazzini, but he is best known for his tireless opposition to fascism. Although the earthquake of 1908 killed his wife and five children, and although he was arrested by the fascist regime and ultimately forced into exile, Salvemini never wavered in his scholarly and political work. He became known for his *'concretismo'* – an insistence on the practical and pragmatic nature of politics. He once remarked that if he had to choose between the 'eagles of idealism' or the 'sparrows of empiricism', he would always choose the latter. A spiritual and intellectual guide for a younger generation of antifascists, Salvemini spent much of the fascist period in exile, first in London, then teaching in New York City and at Harvard University. From exile, he continued an unceasing polemic against the fascist regime and its apologists in London and the United States.

Passai l'intero anno 1928, meno l'estate, a Londra. Di qui, Luigi Villari, sfruttando il nome di suo padre – parecchi credevano che fosse lui l'autore del *Savonarola* e dei *Primi due secoli della storia di Firenze* – inondava l'Inghilterra con libri, conferenze, lettere ai giornali, in cui raccontava tutte le frottole che gli venivano in testa

95

sulle vergogne dell'Italia prefascista e sui miracoli mussoliniani che avevano fatto di quella sozzura un capolavoro di ordine, decenza, universale felicità, un paese di Samurai. Al suo libro *The Awakening of Italy*, io avevo opposto il mio *The Fascist Dictatorship in Italy*, uscito negli Stati Uniti nella primavera del 1927. Ma non ne ero soddifatto: durante il 1928 lo rifeci da cima in fondo, e lo ripubblicai a Londra. Di questo volume feci preparare alcune copie con copertine di libri osceni, e le mandai in Italia. Essendo libri osceni, ero sicuro che la censura fascista li avrebbe lasciati passare. Una copia la mandai a Benedetto Croce ed arrivò.

Mi dedicai inoltre ad inseguire il 'propagandista' nei giornali, smentendolo con testimonianze o documenti o argomenti, che egli non potesse demolire. Per fortuna c'era al British Museum la collezione del *Corriere della Sera*, e con quell'aiuto non mi riesciva difficile scoprire, se non tutti, almeno parecchi dei suoi altarini. Impiegavo al British Museum il tempo, che non era preso dai lavori alimentari. Gli amici rimasti in Italia (Bauer, Parri, Ernesto Rossi, Traquandi, Zanotti-Bianco) mi mandavano libri, opuscoli, copie di giornali, statistiche ufficiali, documenti. Tarchiani aiutava assai da Parigi. Non mi detti mai tregua. Mi serviva da pugnolo il pensiero di quelli che in Italia facevano vita bene piú pericolosa della mia. Ogni minuto, che sottraevo al mio compito di secondarli meglio che potevo, mi sarebbe parso indegno di perdono.

Debbo confessare che piú volte mi sentii disarmato innanzi alla fecondità di quello sciagurato che non aveva bisogno di documentare le sue frottole: bastava che le inventasse, e la sua fantasia era onnipotente. Io invece dovevo procedere cauto e lento. Gli inglesi dicono che il tempo necessario alla verità per allacciarsi le scarpe, basta alla bugia per fare il giro del mondo.

Sentivo una certa ripugnanza a maltrattare il figlio di un uomo che mi era stato maestro affettuoso. Ogni volta che scrivevo il suo cognome, mi pareva di vedermi sorgere la immagine del padre, che mi pregasse di tacere. Vincevo la riluttanza, ripensando quel che diceva il grande penalista lucchese del secolo XIX, Francesco Carrara, quando gli parlavano del suo figlio: 'I figli non si fanno con la testa.' E sono stato sempre convinto che Pasquale Villari, che era un galantuomo, se fosse stato vivo, avrebbe dato ragione a me, e non a quel figlio là. Ma il disagio di scrivere quel cognome mi turbava sempre. Alla fine, dopo non pochi patemi d'animo, scoprii il mezzo di superare quel disagio: scrissi Luigi XXX, sopprimendo il cognome, e così potei procedere più spedito.

Alcune fra le controversie avute con quell'individuo e con altri, le raccolsi in una collezione di opuscoli intitolata *Today in Italy* e pubblicata a Londra fra il 1929 e il 1932. Forse meriterebbero di essere tradotte e stampate in Italia. Molte delle invenzioni che la 'propaganda' fascista metteva in circolazione allora fuori d'Italia, continuano a circolare tuttora in Italia. Le persone, che negli anni del regime mussoliniano non erano arrivate ancora all'età della ragione, ne sanno oggi, sui fatti di allora, meno di quel che sanno sull'Egitto di Tutankamen o sulla prestoria dell'Australia. Se questo loro passato fosse fatto conoscere, non sarebbe male.

Alla fine del 1928 Alvin Johnson, direttore del New School for Social Research di New York, mi incaricò di un corso di lezioni sulla storia della politica estera italiana (il corso che avevo fatto a Londra nel 1923). Io avevo esauriti i fondi guadagnati in America nel 1927, e non mi parve vero di ritornare a fare l'ebreo errante. Finito il corso al New School feci un giro di conferenze fino alla California. Ma non volli saperne di un impresario. Feci da impresario a me stesso, mettendo a profitto gli amici, che avevo fatti due anni prima. Era vita faticosa. Ma mi stimavo fortunato di risolvere così il mio problema, a differenza di tanti altri, che non potevano uscire dalla Francia, e qui facevano la fame. Eppoi cercando di far conoscere le condizioni reali dell'Italia sotto la dittatura fascista, contribuivo, come solamente potevo, all'opera di coloro, che in Italia resistevano alla dittatura e finivano in galera o al confino.

Anche allora ebbe alcuni *debates*. L'oratore fascista descriveva il popolo italiano come inetto a governarsi da sé, che aveva avuto bisogno di Mussolini per imparare a lavorare e a fare il bagno (il bagno era argomento efficacissimo per gli americani). Io rispondevo che i fascisti per sollevare su un piedistallo di falsa gloria un uomo solo, gettavano fango sulla nazione intera, a cui appartenevano; e come potevano far credere che quel popolo di selvaggi era diventato in non più che sei anni un grande popolo civile, per opera e virtù di un uomo solo?

97

Debbo dire che queste nuove esperienze nel genere letterario del *debate* finirono col disgustarmene a morte. Nel *debate* voi dovete non tanto informare meglio che potete il vostro uditorio, quanto stare in guardia contro il vostro avversario, e sorvegliarlo come il gatto fa col scorcio, per saltargli addosso non appena ve ne offre il destro. Dovevo eliminare argomenti, che mi sembravano eccellenti, ma erano difficili o lunghi a spiegare, e preferire argomenti di portata mediocre, ma facili per chi parla ad essere presentati, e per chi ascolta ad essere capiti, specialmente se chi deve capirli si trova in istato di digestione. Genere letterario immorale e demoralizzante, di cui mi vergognavo mentre vi partecipavo. Dopo di allora non volli piú saperne. Invece mi piacevano assai le domande, che il pubblico mi rivolgeva dopo che avevo finito di parlare, e che duravano mezz'ora. Era come giuocare a palla, e mi duole che l'uso non sia generale in Italia.

In Parigi e negli altri centri francesi, in cui si raccoglieva la emigrazione italiana, gli antifascisti prevalevano sui fascisti. Lo stesso, da quanto referivano gli amici, era nella Svizzera italiana. In Inghilterra gli italiani erano poche noci in un sacco, e non c'era da aspettarsene alcun aiuto apprezzabile né contro né per il fascismo. Gli Stati Uniti, coi quattro milioni di italiani, che vi avevano raggiunto un benessere non mai sognato in Italia, li pensavano come un prolungamento della Francia e della Svizzera italiana, ed ero persuaso che una seria organizzazione avrebbe trovato gli appoggi morali e finanzari necessari ad una vasta lotta contro il fascismo fuori d'Italia e in Italia. Nel 1927, sbattuto di qua e di là come una anima dannata da quell'impresario assassino, non ero venuto a quasi nessun contatto con gli italiani. Nel 1929 tornai in America col proposito di studiare gli ambienti italiani e vedere che fosse possibile ricavarne.

Non tardai molto per concludere che ero del tutto fuori strada.

Non mancavano uomini e donne di bella fibra intellettuale e morale. Ne conobbi a New York due, Roberto Bolaffio e sua moglie Maritza, emigrati da Gorizia per le persecuzioni fasciste, e ad essi mi unii con amicizia fraterna, che mi ha sempre da allora in poi confortato nella vita. Ne incontrai altri qua e là, specialmente in California. E intorno a questi individui di tipo superiore si raccoglievano uomini e donne di cultura modesta ma di animo nobilissimo. Parecchi erano operai, che avevano dovuto emigrare negli Stati Uniti, per non morire di fame o per non essere ammazzati in Italia [...]

Neanche negli ambienti americani si camminava sempre su sentieri cosparsi di rose. Ve ne erano che ammiravano Mussolini perché 'i treni arrivavano in orario', e ve ne erano che si davano ad ammirarlo non appena voi spiegavate che uomo realmente era. Non parlo di coloro che trovavano ammirabile un regime politico, nel quale 'gli operai erano al loro posto'; questi applaudivano ai propagandisti del fascismo, e non c'era nulla da fare per dissuaderli. Quello che era strano era di trovare ammiratori del Duce dove meno ve li sareste aspettati [...]

Prima di imbarcarmi per l'Europa, ricevei in New York un biglietto di Lauro De Bosis, che desiderava parlarmi. Non lo avevo mai incontrato, e diffidavo di lui, perché era segretario della società 'Italia–America', la quale, sorta nel 1920 per promuovere buone relazioni fra i due paesi, era diventata dopo il 1922 fucina di 'propaganda' fascista. (Le buone relazioni fra due paesi sono intese sempre come buone relazioni fra i governi dei due paesi.) Esitai perciò ad accettare l'invito. Alla fine mi decisi. E fui ben contento della mia decisione.

De Bosis, bel giovane di ventotto anni, mi conquistò subito con la sua semplicità e franchezza. Mi disse che aveva dapprima seguito con simpatia il movimento fascista, per reazione ai disordini senza capo e senza coda succeduti alla prima guerra mondiale: nella sua inesperienza aveva visto nel fascismo un risveglio di sentimento nazionale. Ma la politica non lo aveva mai interessato come lo studio e la poesia. In politica era 'liberale' come Croce, nel senso che la parola aveva allora in Italia, e cioè conservatore dell'Italia quale era stata dal Risorgimento. E nel 1925 aveva preso anche lui posizione contro il fascismo. Venuto negli Stati Uniti una prima volta nel 1924 e una seconda volta nel 1926, era stato indignato dal discredito che la 'propaganda' fascista gettava sul popolo italiano, descrivendolo come una accozzaglia di idioti semibarbari, che in sessant'anni di regime libero non avevano imparato né a leggere, né a scrivere, né a lavarsi; non avevano costruito né strade né ospedali; si erano lasciati governare dalla mafia e dalla camorra; nessuno aveva voglia di lavorare; tutti rubavano; ma Mussolini aveva fatto il miracolo di incivilire quel popolo mettendolo alla cura del bastone e dell'olio di ricino. Offertogli nel 1928 l'ufficio di segretario dell''Italia–America' aveva eliminato la 'propaganda' fascista dalle attività della società, e dedicava il suo lavoro a far conoscere quell'Italia che fa parte della civiltà mondiale e che esisteva prima che venisse Mussolini, e avrebbe continuato ad esistere dopo che Mussolini fosse scomparso. Mi domandò che cosa avrei pensato se un aeroplano avesse volato su Roma, esortando gli italiani a metter fine alla loro vergogna.

Io non ho mai eccitato altri ad iniziative alle quali io stesso non dovessi partecipare. Ma non ho mai detto una sola parola per sconsigliare una iniziativa che mi sembrasse utile per quanto pericolosa. Ho fatto presenti le difficoltà; ho discusso le possibili conseguenze dell'impresa; ho consigliato; se ho potuto dare una mano, ho fatto del mio meglio. Lo stesso feci con Lauro. Gli dissi che se fosse stato tecnicamente possibile, avrei applaudito di cuore. 'È possibile', replicò.

5 Culture during the fascist era

5.1 Giuseppe Bottai, 'Fascismo e cultura', in *La politica delle arti*, ed. Alessandro Masi (Rome: Editalia, 1992), 87–91.

Giuseppe Bottai (1895–1959) was one of the most important fascist intellectuals. Drawn to fascism through the Futurist movement, he eventually came to advocate a concept of fascism as a technocratic, managerial, and political elite. Bottai is sometimes associated with a so-called 'left-wing fascism', a variant that stressed its urban and modernizing elements. As Minister of Corporations, Minister of Education, and member of the Fascist Grand Council, Bottai tried to implement his ideas, but the regime was resistant. It was in his capacity as member of the Grand Council that Bottai – along with Dino Grandi and Luigi Federzoni – argued for Mussolini's resignation on the night of 24–25 July 1943. In 1938 Bottai established the Bergamo Prize for modern art, a field not supported by the regime after its break with Futurism. He also established a literary review, *Primato*, that gave voice to a submerged avant-garde. 'Fascismo e cultura', on the relationship between Italian universities and national culture, first appeared in Bottai's journal *Critica fascista* on 1 December 1928.

Cerchiamo di cogliere l'intima significazione dei rapporti sempre più vivi più assidui e, mi auguro, più fecondi, che si vanno creando tra gli uomini del Fascismo e le Università Italiane. È bene che tali rapporti si creino e si ricreino di continuo. Ma occorre che non rimangano mera forma; occorre che divengano sostanza d'una nuova, più fusa compenetrazione tra il mondo della politica attuale e il mondo della cultura, che ha, o deve tornare ad avere, nell'Università il suo centro di formazione, di propulsione e d'irradiazione.

Non ci dissimuliamo che i più frequenti contatti tra uomini, che nel Fascismo hanno posti di responsabilità attiva, e uomini, che dedicano alla scienza la loro vita, suscitano in taluni gridi di scandalo o atti contriti di pudore.

Vi è, anzitutto, il falso pudore di certi zitelloni della cultura, che deplorano la contaminazione degli studi da parte di uomini dominanti nella vita pubblica. Essi sognano, evidentemente non ad occhi aperti, che l'Università abbia ad essere una specie di campo trincerato, di compartimento stagno o di ermetico laboratorio, dove, in alambicchi misteriosi, si distillino formule vane e sterili. Costoro, o sono dei puri spiriti senza iniziativa, alcuni poco mistici e contemplativi, o dei volponi in veste d'eremiti, che in siffatti modi si lusingano di conservare, per tempi migliori, le fondamenta ormai vecchie, nelle quali si sono scavata la nicchia. Io vorrei domandare a coteste volpi incappucciate: quando mai l'Università fu, negli anni, staccata, avulsa, assente dal suo tempo? [...]

C'è, poi, accanto a tal sorta di pudore di marca accademica, il pudore degli uomini cosidetti d'azione, tutti muscoli, tutti nervi, tutto fegato, che temono che il Fascismo, bazzicando le aule universitarie, perda il suo vigor pratico e la sua energia creatrice di fatti. Essi pronunziano parole difficili, come pragmatismo e pragmatico, onde gabellarci per buono un Fascismo privo d'ogni contenuto; ma per dire il vero, il loro gioco non è né nuovo né ben trovato, consistendo nell'attribuire al movimento politico e spirituale la povertà interiore di alcuni tra coloro che lo seguono.

Occorre risolvere l'assurda antitesi con cui, da campi opposti, come s'è visto, da quello concluso della cultura intellettualistica e dall'altro senza confini dell'ignoranza presuntosa, si tenta di generare un pratico contrasto tra Fascismo-azione e Fascismo-cultura. Basta, a tal uopo, ripensare al breve ma denso corso della nostra Rivoluzione, per ritrovare nelle successive fasi, un integramento non nominale, ma storico dell'un Fascismo nell'altro.

Il Fascismo fu, nei suoi inizi, reazione contro uno stato di cose a tutti insopportabile, che non importa qui descrivere, tanto, nei suoi aspetti di dissoluzione statale e nazionale, esso è vivo nella nostra memoria. Una reazione non uniforme, anzi diversa, da una parte all'altra d'Italia, dal nord industriale al sud rurale, da provincia a provincia e, nella stessa provincia, da paese a paese e, nel paese medesimo, da individuo a individuo. In quell'aspra lotta di difesa, comune era il nemico, ma contro di esso ciascuno combatteva per quel ch'era alla sua coscienza più chiaro, interesse o ragione ideale.

Solo quando il Fascismo marcia su Roma le singole volontà si stringono nell'unica volontà che cancella ogni particolarismo di individui, di categorie, di ceti, di regioni, per la fondazione del nuovo Stato.

La comunione delle volontà non è ancora la comunione del pensiero, della dottrina, del sistema, del metodo. Il che è un bene nei periodi dell'azione diretta. Le rivoluzioni, allorquando combattano per il loro trionfo, guadagnano d'una tal quale indeterminatezza e imprecisione d'idee, così che nel loro ondeggiante programma, ciascuno possa cogliervi o intendervi quel che più si attaglia al suo gusto o al suo interesse. Ma, quando l'azione deve riflettersi e, più che riflettersi, tradursi concretamente nelle leggi, negli istituti o addirittura, come noi stiamo facendo, nella costituzione d'un popolo, l'unità del pensiero è necessaria e, ove essa manchi, si ha l'incongruenza legislativa e giuridica, per cui una rivoluzione può affermarsi in un ordine di istituti e in altro contraddirsi e negarsi. A mantenerla, a temperarla, ad accrescerla dev' essere, io dico, volta ogni nostra cura, in questo tempo e più ancora in quelli cui andiamo incontro.

È vero, e mi piace qui riaffermarlo, che per noi fascisti le teorie, in politica come in ogni altro campo, non sono che strumenti di lavoro, fili conduttori, grandi linee direttrici di marcia. Esse, insomma, non sono la vita, ma mezzi di vita. Del resto, tutte le applicazioni, non solo quelle d'ordine più propriamente politico o economico o sociale, hanno un carattere sperimentale. Nella stessa storia della scienza, nel regno, cioè, delle formule e dei dati precisi e sicuri, si ha una vicenda continua di esperimenti che si legano l'uno all'altro, in una serie infinita e interdipendente di ritrovamenti tecnici e pratiche attuazioni. Ma perché la scienza e ogni altra specie di attività dell'intelletto, non ultima tra le quali la politica, non degenerino in gretto empirismo, è necessario sulla frammentarietà ed episodicità degli esperimenti sovrastare, incombere, con l'unità di un pensiero organico e sistematico, che riduca tutto ad una traccia e ad un orientamento.

Nessuno, io meno che altri, pensa che sia sopprimibile l'interiore processo critico e dialettico e, ove occorra, perfino polemico del Fascismo. Ma è giunta l'ora di dir chiaro a chi si ostina a riguardare i fatti e le cose e gli uomini e i problemi con la sola osservazione dell'interesse immediato e giornaliero, che in siffatto modo non si vedono che fatti, cose, uomini e problemi in serie, cronaca e non istoria, ideali di settore e non di popolo. Solo un pensiero unitario, solo un'ordinata cultura possono stabilire i rapporti e le connessioni necessarie a dare alla politica d'una classe dirigente un respiro di politica nazionale. Una grande politica non è, in fondo, che un metodo di pensare, studiare, predisporre, e ordinare i rapporti fra i valori, ponderabili e imponderabili, che si agitano nella vita di un popolo; un'energia che, ricollegando i particolari all'universale, determina le qualità fondamentali d'un processo storico e crea, con moto unitario e unificatore, uno stile politico e il carattere d'un'epoca.

In questi termini si pone, secondo me, il problema della cultura nella fase attuale del Fascismo. Il Fascismo-cultura, in cui, come s'è visto, si integra, non si nega il Fascismo-azione, è il fondamento del Fascismo-Stato. Già troppo certi demagogici e facili incitamenti all'incultura hanno devastato anime e coscienze, perché non si debba seguitare a prestar fede a quegli empirici, che si vantano di procedere a lume di naso. Io non credo alla pratica dei praticoni. Chi non sa organizzare le proprie idee non può pretendere di organizzare quelle degli altri. Nel nostro tipo di Stato, che non è un'arida costruzione burocratica (sia che si tratti della vecchia burocrazia, sia che si tratti di quelle ora nascenti nell'orbita sindacale), non basta una sorta di contabile praticità. Il nostro Stato impegna i cittadini nel loro spirito e nella loro coscienza; è sugli spiriti e sulle coscienze che occorre operare per servirlo. Nelle stesse leggi sindacali, nella Carta del Lavoro, l'impostazione dei problemi di interessi materiali e di garanzie contrattuali si lega a ragioni di ordine superiore, come l'educazione e l'istruzione dei singoli e il supremo interesse della produzione, che un organizzatore deve essere in grado di interpretare. Perché ciò avvenga gli è d'uopo non solo conoscere quelle leggi nella loro applicazione immediata, ma saperne calcolare, con almeno approssimativa preveggenza, i possibili sviluppi. L'organizzatore, insomma, deve possedere quella superiore forma di praticità, che consiste nel saper guardare innanzi a sé per non sbagliare o perdere la strada.

In questo punto preciso si innesta, secondo me, la funzione universitaria nel Fascismo: nella preparazione d'una cultura viva, creatrice d'una classe di uomini atta a dirigere, nella politica, nella scienza, nell'arte. L'Università deve adeguarsi a un compito di questa specie. Tutti i grandi aspetti d'una civiltà, dalla religione alla filosofia, dalla scienza alla letteratura, dagli istituti politici alle organizzazioni economiche, sono riducibili a un principio, unico, che tutti li informi. Il principio animatore del Fascismo deve essere elevato a comun denominatore di ogni ordine di studi. Di ogni ordine: ché, se la necessità di una rivoluzione culturale è soprattutto sensibile negli studi giuridici, politici, economici e sociali, non meno urgente è anche in altri ordini di studi, dove prevalgono tuttavia indirizzi in contrasto con la formazione fascista del carattere e della mente degli italiani.

Noi non chiediamo all'Università di piegarsi alle finalità particolari e agli interessi contingenti degli uomini, con apologie ed esaltazioni di falsi valori. Non chiediamo bassi servizi, ma che il divino ufficio della cultura sia compiuto con gli occhi fissi alle nuove, ideali verità, sorte dal sacrificio d'una generazione. Sempre, negli anni della rivoluzione unitaria, dettero le Università italiane alla lotta idee e combattenti. Idee e combattenti si preparino esse a dare per le lotte di domani, per quelle che l'Italia affronterà, non più per la sua libertà, ma per la sua potenza: potenza di una cultura e d'una civiltà nuove, per tutto il mondo esemplari.

Curzio Malaparte, 'Cantata dell'arcimussolini', in L'Arcitaliano, ed. Enrico Falqui (Florence: Vallecchi, 1963), 13–15.

Born Kurt Eric Suckert, Curzio Malaparte (1898–1957) participated in the 'March on Rome' and was active as a Florentine *squadrista*. His review, *La Conquista dello Stato*, argued for a revolutionary, violent fascism that glorified *squadrismo*, as opposed to the more 'respectable' variant in power. Much like Bottai, Malaparte was caught between his role as a cosmopolitan intellectual and his desire to create a 'fascist

culture.' He rejected Futurism as being too 'foreign' and tried to forge a
fascist populism. This was most visibly expressed in the Strapaese movement which advocated a rural and provincial aesthetic and its literary
review *Il Selvaggio* of Florence.

Here, Malaparte places art at the service of a sycophantic admiration
for Mussolini.

Cantata dell'arcimussolini

O Italiani ammazzavivi
il bel tempo torna già:
tutti i giorni son festivi
se vendetta si farà.
Son finiti i tempi cattivi
chi ha tradito pagherà.
Pace ai morti e botte ai vivi:
cosa fatta capo ha.
Spunta il sole e canta il gallo
o Mussolini monta a cavallo.

Dàcci pane pei nostri denti
fantasie e cazzottature
ogni sorta d'ardimenti
di mattane e d'avventure.
Sono acerbi gli argomenti
ma le sorbe son mature:
siamo tutti pronti e attenti
pugni sodi e teste dure.
Spunta il sole e canta il gallo
o Mussolini monta a cavallo.

Palle abbiamo nella bisaccia
polvere asciutta ed acciarini
vino rosso nella borraccia
e bastoni da pellegrini.
O bastardi guardateci in faccia
non è più l'ora degli inchini:
siamo pronti a dar la caccia
ai traditori di Mussolini.

Spunta il sole e canta il gallo
o Mussolini monta a cavallo.

O traditori leccapiatti
vi manderemo alla malora:
di vergogne e di misfatti
siete neri dentro e fòra.
I nostri ceri per voi sono adatti
se andar sul palo non vi onora:
è arrivato il castigamatti
che vi darà la Candelora.
Spunta il sole e canta il gallo
o Mussolini monta a cavallo.

O Mussolini facciadura
quando ti metti a far buriana?
aspetti vento d'avventura
greco libeccio o tramontana?
La stagione è già matura
il brutto tempo s'allontana:
per montagna e per pianura
combatteremo all'italiana.
Spunta il sole e canta il gallo
o Mussolini monta a cavallo.

Combatteremo alla vecchia maniera
guai a voi se prendiamo l'aìre:
vi bucheremo la panciera
a lama fredda vogliamo ferire.
La morte è buona cavaliera
piglia in sella chi vuol fuggire:
o traditori addio bandiera
Mussolini è duro a morire.
Spunta il sole e canta il gallo
Mussolini è montato a cavallo.

5.3   Margherita Sarfatti, 'La personalità di Mussolini', in *DUX* (Milan: Mondadori, 1926), 305–12.

Although best known as Mussolini's Jewish mistress, Margherita Sarfatti (1883–1961) was an intellectual and patroness of the arts. As a young woman, she was active as a militant socialist and participated in the feminist movement in Italy. It was while in Milan writing for the socialist daily *Avanti!* that she met and befriended Mussolini, then still a revolutionary socialist. Sarfatti became art editor for Mussolini's newspaper, *Il Popolo d'Italia*, and later director of his journal *Gerarchia*. Through her influence on Mussolini, Sarfatti exerted considerable authority over the artistic and cultural policies of the regime. She was the moving force behind the Novecento (literally 'twentieth century') movement which attempted an ill-fated synthesis between ancient Roman ideals and modernism. Her biography of Mussolini, from which this excerpt is drawn, was immensely popular and based on the Duce's private letters and diaries. Mussolini was always careful about his image and often instructed the newspapers to print photos of him wrestling with lion cubs, racing cars, riding horses or – stripped bare to the waist – helping peasants harvest wheat. Sarfatti's biography is hagiography but also inadvertently revealing.

Chi vede e ascolta il Duce del Fascismo in privato, rimane colpito da questa sua giovinezza schietta, quasi affettuosa; e quando il visitatore o la visitatrice escono dall'udienza, li udrete dire: 'Ma non è affatto quale lo dipingono! Non assomiglia ai ritratti, è assai più giovanile.'

In una cerimonia pubblica, la voce si sparge ratta, sensazionale: Ha sorriso! Ed è uno scoppio d'indignazione contro i fotografi: 'Così ispido, e scontroso, lo fanno sempre! Io gli ho parlato. È affabilissimo.'

E ciascuno o ciascuna crede che l'eccezione sia merito e gloria propria. Una popolana d'Abruzzo, della regione montuosa fra l'alta Maiella e il mare, si spinse un giorno tra la calca e lo lermò, audace e timida: 'Ma perché i ritratti vi imbruttiscono tutti? Sempre con quel cipiglio!' Difatti gli americani, con la bella fantasia dei popoli giovani, gli hanno foggiato un epiteto omerico, 'l'accigliato figlio del Fabbro.'

Eppure la leggenda, che gli crea il ritratto, è vera più della verità. Conosce gli uomini e sa il pericolo, e la ripugnanza, di avvicinarli troppo. La sua formula per un ritrovo ideale è 'molto fine, molto distinto e niente gente,' la brigata ideale è di quattro al massimo – di più, sconfina già verso la folla: 'Non mi infliggete il refettorio,' dice, se la mensa è numerosa. Al *Popolo d'Italia*, se nelle grandi occasioni ammetteva una bicchierata, il suo sorso di vino andava a prenderselo dal bicchiere sul tavolo, dopo gli altri, da solo, buttandolo giù in fretta.

Individualista anticonviviale e antisociale per natura, sviluppa ancora questo istinto, lo educa e alleva, come un'arma per la sua difesa: d'onde, il cipiglio. Vi concorrono istinto, partito preso e volontà di attitudine: la posa è la confessione che un uomo fa, del modo in cui vorrebbe apparire agli altri uomini.

Nessuno lo trovò superbo o repellente, ma nessuno può vantarsi di essere con lui in confidanza. Un esempio chiarisce la sfumatura. Più volte vidi gente buttarglisi addosso, a baciarlo e abbracciarlo con trasporto. Per esempio, nell'ottobre del 1924, gli capitò di insignire di persona alcuni vecchi operai di un opificio lombardo con l'ordine della Stella di Lavoro, e l'abbraccio di protocollo col bacio sulle due guance, tra lui e il primo vecchietto intimidito, si svolse formale, come una finzione di palcoscenico. Ma via via al secondo, al terzo, uno slancio di crescente espansione s'impadronì di quella brava gente entusiasta, trasformando il rito in affettuosità sonante. Un fratello, pareva avessero ritrovato in quel giovane: un loro maggiore, il padre.

'*Dess me lavi pu la faccia per un mes,*' fece uno, con soddisfazione convinta.

Ma se lo vidi ripetutamente essere baciato, e anche abbracciare lui qualche uomo; baciare la mano a qualche signora, accarezzare affettuosamente la testolina di un bimbo; in questo paese di facili cameratismi, che è il nostro, egli è l'uomo verso il quale mai alcuno si è avventurato al colpetto birbone sul petto; neppure si è arrischiato a porgli una mano sopra la spalla. Non quando era socialista – non quando era giornalista – non quando era deputato – e molto sarei curiosa di immaginare, quale specie di cataclisma ne sarebbe seguito. Persino chi lo chiama 'Benito' – il fratello, i

109

vecchi camerati – lo fa con una sfumatura involontaria, nella voce, di rispetto, quasi di riverenza.

Alieno da tutto e da tutti quanti gli stavano intorno, si è sempre sentito, nella vita. Sul capo di chi è fatto per salire a comandare, si può pensare che si aggravi, consacrazione ed espiazione, una condanna biblica: 'Tu, Uomo, sarai escluso dalla comunione con gli altri uomini.'

Esistono, per questa specie di creature, dei superiori da ubbidire, da uguagliare e da superare; e un numero sempre crescente di subalterni da tutelare nell'onore e nella stretta necessità dei rischi ai quali è necessario esporli. Esistono commilitoni e camerati, dei seguaci e dei 'fedeli': la antica lode, come già dissi, che rifiorisce sulle labbra di questo Capo con speciale accento di virile fermezza: quasi un titolo.

Sa essere fedele anch'egli. Non muta e non dimetica, e attraverso gli anni e gli eventi, anche di piccole cose serba la gratitudine come un profumo. La figliola dell'oste che fu suo padrone a Losanna, bambina di nove anni quando partì prigioniero, giovinetta quando tornò ministro, si ebbe da lui care accoglienze e fresche cortesie. Del bel termine 'camerata' sente la portata e il valore; e anche – talora con troppo suo sacrificio – la solidarietà di compagno d'armi che implica.

Ma 'amico' nel senso banale che si dà al termine, no: non è amico di alcuno. E neppure nel significato intimo, della fraternità spirituale. 'Se il Padre Eterno mi dice: ti sono amico, comincio subito con il prenderlo a pugni', esclama stizzoso nei momenti cattivi, quando vede profilarsi nell'aria greve l'ombra di un altro ancora tradimento o inganno. 'Se torna al mondo mio padre, non mi fido neppure di Lui!'

Bisogna reagire contro l'ottimismo scorrevole e pigro, pericolosa seduzione italiana … Bisogna reagire anche interiormente, restringendo a un numero di persone sempre più esiguo, e sempre più in fondo al cuore, ogni impulso di confidenza sentimentale …

L'uomo dell'azione e del comando – il condottiero – nasce corazzato per il duro compito entro il suo io centrale, e la volontà e la necessità di riuscire ve lo rinchiudono sempre più duramente. Sempre più viene a mancargli la comunione con gli uomini, quello che il Poeta definisce 'il latte dell'umana dolcezza'. Guai se nell' indurimento perde i contatti morali. La simpatia è trasfondere sé negli altri; ma anche intendere gli altri in sé.

'Il *curriculum vitae* delle persone che mi stanno intorno non mi interessa e non lo conosco; vedo anche loro sotto la specie d'eternità', afferma il Duce

[...]

È uno dei lati enigmatici che rendono perplessi sul suo conto ammiratori e avversari: quest'uomo, conosce e sa scegliere gli uomini?

Se non possedesse questa facoltà, semplicemente non sarebbe il Duce, Capo di Governo e Condottiero. Li conosce, così all'ingrosso, e sa giudicarli per il lato immediato, di attività pratica, che a lui preme. Non ha tempo morale perché non ha la voglia – cioè non ha interesse umano – per conoscerli nel loro complesso di uomini. Suppone a priori che essendo uomini saranno mediocri e vili; e sa che saranno diversi, perché non crede alla unità e continuità degli sviluppi psicologici ...

Nell'economia della sua attività, considera l'errore inevitabile, perché la vita è povera, non si può aspettare gli inesistenti uomini di primo ordine, bisogna prendere quello che c'è, rassegnati a trovarlo inferiore al bisogno. Gli avviene di trascorrer così nel rischio opposto, e di fallare il bersaglio oltrepassandolo. Una diffidenza generica e universale – satanica tentazione dell'orgoglio – conduce infine agli uguali errori della troppo rosea fiducia universale, smorzando le sfumature da uomo a uomo, e livellando gli abissi morali che li separano ...

Tranne i casi di tradimento o le defezioni all'italianità, mai lo intesi inveire contro alcuno per colpa alcuna. Evita rigorosamente la ingiustizia, e la reprime con severità, per ribrezzo personale e come norma di savio governo, ma non lo vidi mai sdegnarsi per l'abuso o il sopruso patito da un singolo, ne fosse egli stesso la vittima. In fondo al cuore sa che l'ingiustizia individuale è il canone attraverso il quale la natura realizza i giusti compensi verso la specie. L'ideale sociale deve attenuarla, non può sterilmente infuriare a sopprimerla.

Questo insieme di tollerante indifferenza ha per radice un disprezzo inesorabile. Ha pesati gli uomini, e li trovò mancanti. È una tragedia interiore in cui risiede la patetica nobiltà del suo destino, nato per il comando.

Persino tra le attività della sua cultura – vasta, esatta e profonda benché la dissimuli sotto la civetteria di 'sono ignorante, sono molto ignorante' da quell'unico autodidatta non pedante che io abbia mai incontrato – e persino tra le forme dell'arte, predilige quelle a fondo politico: la storia, che è politica condensata; l'architettura, che è politica pratica per i suoi scopi sociali; il teatro e la musica drammatica, che nel momento della loro durata danno intero in dominio l'animo delle moltitudini.

Agli artisti – non agli uomini d'azione – è dato sapere quanto Femio aedo, cieco solingo al remoto angolo della mensa ospitale, sia superiore al divo Ulisse nel suo seggio d'onore. La spada del re-eroe è un mito incerto, la verità di Femio-Omero scalfisce i millenni, nel modo che solo dura. Questo lato dell'arte, la penetrazione in un mondo superiore a quello della contingenza dove la politica domina; questo lato sovrano, la rivelazione dell'inconoscibile e la presa di possesso dell'eterno; il contatto, religioso e diretto, dell'uomo con Dio; questo lato, l'uomo d'azione lo ignora con ironia benevola.

Forse, è il suo dovere.

5.4   Giovanni Gentile, 'Revisione', in *Regime Fascista*, 1 gennaio 1926.

Among the most important and controversial of fascist leaders, Giovanni Gentile (1875–1944) studied at the Scuola Normale in Pisa and – with Benedetto Croce – revived the tradition of philosophical idealism in Italy while criticizing the schools of materialism and naturalism. His studies of Kant and Hegel led him to Marx and the formulation of his original theory of 'actualism', a variant of neoidealism. As chair in philosophy at the universities of Palermo, Pisa and Rome, Gentile influenced two generations of philosophers in Italy. From Hegel, he developed the theory of the 'ethical state' in which the state represents the final and highest evolution of moral authority. For Gentile, the individual has significance only insofar as he or she is part of this ethical state. Accordingly, the distance from Gentile's 'ethical state' and fascist totalitarianism was minimal. Appointed Minister of Education and to the Fascist Grand Council, Gentile was fascism's dominant intellectual. He was founder and president of the Istituto Nazionale di Cultura Fascista and editor of the *Enciclopedia italiana*. In 1925, he drafted the 'Manifesto of Fascist Intellectuals', which was answered a few days later by Croce's 'Manifesto of Antifascist Intellectuals'. Although increasingly removed from political decisions, Gentile remained an important symbol of the collaboration between intellectuals and fascism. He was killed by partisans during the war; an event that caused – and still generates – considerable controversy. 'Revisione' appeared in the inaugural issue (1 January 1926) of *Regime Fascista*.

Il nuovo titolo di questo giornale è una promessa e un programma.

E, si intende, non soltanto rispetto agli ordinamenti politici. Giacchè è noto, e i fascisti lo sanno benissimo, che un nuovo regime politico non può essere nulla di concreto, storicamente importante e realisticamente efficiente se non l'espressione di una nuova vita economica e morale, e quasi la volontà organica di una nuova coscienza. La quale, c'è, già, in Italia, e pulsa in tutte le forme della vita nazionale, rompendo vecchie incrostazioni e foggiandosi nuove strutture adeguate al suo ritmo più vigoroso. Ma deve svilupparsi. E i nuovi istituti e le nuove leggi che il regime viene creando ed emanando, i nuovi giornali con cui viene illustrando difendendo il proprio pensiero, intendono appunto a tale sviluppo, e lo promuovono con duro sforzo, che è un travaglio continuo, tenace di tutto il popolo italiano unito in una disciplina mirabile.

Questo sviluppo, d'altra parte, ha luogo anche indipendentemente dall'azione programmatica del regime (governo e partito), e supera via via i fini determinati che ci proponiamo; agisce esso stesso sopra di noi, e quasi ci inquadra, come oggi si dice, e ci trascina, spirito superiore, animatore della storia di cui noi siamo a un tempo gli artefici e il risultato.

Concetto, secondo me, di non lieve importanza, per i fascisti e per i non fascisti, se ancora ce ne sono. Anzi sopra tutto per i secondi, i quali poterono fino a qualche mese fa sospettare che nel movimento fascista ci fosse pure qualche cosa di arbitrario e dipendente dal beneplacito di pochi individui: i quali prima o poi a furia di accanite polemiche, combattute con i colpi di spillo della

113

facezia ridanciana, sempre cara agli italiani, o con le pugnalate alla schiena degli scandali clamorosi inscenati sulla stampa più oscenamente sfacciata, si potessero intimidire, accerchiare, disarmare, togliere di mezzo. Ma ormai potrebbero, io credo, cominciare a persuadersi anch'essi che il fascismo è un movimento storico, che tocca alle radici della vita nazionale, ed esercita un dominio irresistibile anche sui capi. I quali, tante volte, tengono il loro posto per dovere o, se si vuole, per necessità.

Dunque, si tratta di una nuova coscienza che si viene sviluppando. Si deve sviluppare.

Qui è la promessa e il programma. E *Regime Fascista* avrà il nostro plauso, se ne ricorderà; poichè questo è il tempo della costruzione. Ormai le mura maestre dello Stato fascista sono state elevate. L'Italia è tutta raccolta e ordinata nel proposito che si attuino le idee annunziate. Queste idee bensì non sono già definite e messe in carta, in modo che non resti altro da fare che applicare. Sono piuttosto tendenze da recare in atto. Sono esigenze da soddisfare, e sono problemi da risolvere. Abbiamo, grazie a Dio, gli uomini; abbiamo gli strumenti; abbiamo gli animi pronti: e il Paese attende con fiducia. Bisogna lavorare, riflettere, studiare, scegliere, elevarsi, migliorare di giorno in giorno, con l'autocritica, con l'epurazione implacabile degli uomini, ma anche delle idee e dei sentimenti, e chiarire con sforzo assiduo noi a noi stessi, per acquistare nella maggiore chiarezza e profondità del nostro pensiero una forza più potente all'opera a cui ci siamo accinti.

E in questo lavoro di costruzione interiore che renda possibile e agevoli la costruzione esterna e la creazione di quella potenza economica e politica della Nazione, che è la mèta del fascismo, c'è un dovere fondamentale da tenere presente: quello di rigorosa revisione della coscienza italiana. Revisione, quindi, da non confondersi (per carità) con quella già predicata dai famosi revisionisti animati dalle migliori intenzioni ma incauti nella critica che rischia di inaridire la fede necessaria all'azione e corrivi all'esercizio intellettualistico di chi è tentato ad uscire dalle file per vedere come marcia la massa. Non revisione dei postulati del fascismo; il quale ha in sè stesso, nel suo stesso spontaneo e sano sviluppo la virtù selezionatrice, con cui altri vorrebbe correggerlo dal di fuori. Ma revisione dei valori e dei concetti del pensiero italiano, in quanto essi sono patrimonio e perciò fondamento di quella coscienza nazionale, che è la personalità profonda di ogni italiano colto e consapevole. E qui veramente c'è tutto un programma di lavoro, a cui deve recare il suo contributo il *Regime Fascista*.

Mi spiego. Siamo tutti d'accordo, ormai, a volere fascista la scuola: ossia ispirata dal fascismo tutta l'educazione nazionale, dalla tenera infanzia fino alla gioventù universitaria. Ma la scuola fascista non c'è quando sia stata affidata tutta a fascisti tesserati. Ci vuole dentro l'anima fascista. Questo è l'essenziale. La quale anima fascista non è quella del giovane vibrante di una fede vaga e indeterminata per quanto accesa e indomita, pronto a salutare romanamente e ad ubbidire militarmente agli ordini del Duce. Questo è soltanto l'inizio, a cui deve seguire il resto. Quella fede deve avere un contenuto, deve nutrirsi di idee; deve corrispondere a una personalità; la quale, agisca o pensi, cittadino o padre di famiglia, amico o insegnante, in tutti i rapporti della sua attività, abbia sempre uno stile, un suo modo di reagire e di comportarsi: un carattere, che contradistingua il fascista dal non fascista. È uno storico? Ebbene, se egli non si contenta di essere fascista a parole e mediante semplice versamento della quota sociale, alla cassa del Fascio, è impossibile che egli non animi del suo fascismo la storia: non la veda, come si dice, con gli occhi del fascista; non se la rappresenti e ricostruisca a suo modo. Così è sempre accaduto ogni volta che si è determinato un nuovo orientamento spirituale; questa è la legge di ogni concezione storica. Se egli era storico anche prima di essere fascista, e la sua conversione fascista non influisce sul suo precedente pensiero, questo è segno che la conversione è stata meramente estrinseca e formale; vuol dire che siamo innanzi a una di quelle anime vuote, insipide, che sono la negazione radicale del fascismo. E quel che dico della storia, dico di tutta la cultura, che si riferisca agli interessi umani impegnando la vita e il sentimento dell'uomo. Il che non vuol dire certamente che il fascista deve alterare la storia e tutte le altre forme del sapere scientifico. Un così banale sospetto non sorgerà in nessuna delle persone intelligenti che scorreranno queste righe. Dico soltanto che l'uomo dev'essere presente in tutte le parti della sua cultura,

115

come in tutte le sue azioni: l'uomo, col suo carattere, se ne ha uno. E dico che il fascismo, se dev'essere quella cosa seria, che si è dimostrata per l'azione che ha potuto esercitare su tutta la vita nazionale, non può essere qualcosa di accessorio e non pertinente al carattere proprio dell'uomo che vi aderisca.

E allora la conclusione è che la scuola e tutta l'educazione nazionale si potrà informare allo spirito del fascismo via via che questo spirito avrà riformato tutti gli elementi storici e morali della coscienza italiana. Mi sia consentito un esempio. La storia della letteratura – che è uno dei filoni principali della formazione della coscienza nazionale, in quanto questa si raccoglie nel concetto del proprio sviluppo, come questo concetto si viene a volta a volta rinnovando col progredire delle idee e col maturarsi generale del pensiero – questa storia si rivela e deve rivelarsi in una luce nuova all'anima del fascista, che sarà portata a scorgervi e mettervi in rilievo parti od aspetti, che restavano prima nell'ombra, a scoprire nessi che prima sfuggivano, a svalutare scrittori che furono troppo in pregio, e a mettere in valore altri scrittori in passato poco gustati. Non che possano mutare, per effetto del fascismo, i criteri universali del giudizio; ma questi criteri suppongono, nella loro applicazione, una percezione di quel che in uno scrittore c'è e si deve cercare e sentire, la quale non dipende da quei criteri astratti, sì bene dall'attitudine appercettiva dell'uomo che se ne deve servire. E questa attitudine appercettiva o sensibilità, se piace meglio, nel fascista è acuita ed educata dal sentimento di certi valori, di certi atteggiamenti dello spirito, e insomma da una intuizione della vita, che è caratteristica del fascismo, come ho altre volte dimostrato.

Ciò non vuol dire che lo storico fascista debba mettere la camicia nera a italiani vissuti e morti prima del 1919, quando di camicie nere non pare che se ne fossero mai viste. Facezie da lasciare ai giornali gialli, ancorchè scritti dai professori di filosofia. Io ho consigliato ad alcuni giovani miei amici una collezione di *Pagine fasciste* nella quale si stamperanno pagine di sapore fascista di scrittori prefascisti; e io penserei di contribuirvi personalmente con un *Mazzini fascista,* composto di brani degli scritti del democratico Mazzini. Il mio concetto è, che in molti dei nostri scrittori, nei migliori, sono elementi, in cui oggi possiamo vedere un precorrimento del fascismo: e sono gli elementi più vitali dei loro scritti; quelli che più li fecero apprezzare quando di fascismo nessuno parlava. E se non si vuol parlare di precorrimento, si può dire (che è lo stesso) che il fascismo raccoglie nella sua sintesi vivente molti degli elementi sparsi nel pensiero precedente italiano, e, s'intende, d'altre nazioni.

Bisogna perciò rivederli questi nostri scrittori, come bisogna rivedere tutta la nostra cultura.

5.5 *Manifesto degli intellettuali fascisti* **and** *Manifesto degli intellettuali antifascisti*, **in Emilio Papa,** *Fascismo e cultura* **(Padua: Marsilio, 1974), 187–92, 212–14.**

In late March 1925, Giovanni Gentile was instructed by the regime to host a Convegno per la Cultura Fascista. The aim was to demonstrate to the world that Italian intellectuals supported fascism and found no contradiction between fascism and culture. The resulting 'Manifesto degli intellettuali fascisti' was published on 21 April (the traditional 'birthday' of Rome) 1925 and signed by such leading intellectual lights as the nationalist Enrico Corradini, the futurist Filippo Tommaso Marinetti, the writer Ugo Ojetti, the legal philosopher Alfredo Rocco, the editor of the *Enciclopedia italiana* Giovanni Treccani, and historian Gioacchino Volpe. On 1 May (the international day of labour), Benedetto Croce published a counter-manifesto in the pages of Giovanni Amendola's paper, *Il Mondo*. Gentile and Croce had been long-time collaborators on the review *La Critica*. Among the signatories of the antifascist manifesto were the writer Sem Benelli; the historians Guido De Ruggiero, Luigi Salvatorelli, and Arturo Carlo Jemolo; the journalist Giovanni Amendola (later assassinated by the regime); the economist Luigi Einaudi and the Marxist Rodolfo Mondolfo. Later signers included the juridical philosophers Piero Calamandrei and Silvio Trentin, sociologist Gaetano Mosca and historian Gaetano Salvemini.

Manifesto degli intellettuali fascisti

Il Fascismo è un movimento recente ed antico dello spirito italiano, intimamente connesso alla storia della Nazione italiana, ma non privo di significato ed interesse per tutte le altre. Le sue origini prossime risalgono al 1919, quando intorno a Benito Mussolini si raccolse un manipolo di uomini reduci dalle trincee e risoluti a combattere energicamente la politica demosocialista allora imperante. La quale della grande guerra da cui il popolo italiano era uscito vittorioso ma spossato, vedeva soltanto le immediate conseguenze materiali e lasciava disperdere se non lo negava apertamente il valore morale rappresentandola agli italiani da un punto di vista grettamente individualistico ed utilitaristico come somma di sacrifici, di cui ognuno, per parte sua doveva essere compensato in proporzione del danno sofferto, donde una presuntuosa e minacciosa contrapposizione dei privati allo Stato, un disconoscimento della sua autorità, un abbassamento del prestigio del Re e dell' Esercito, simboli della Nazione soprastanti agli individui ed alle categorie particolari dei cittadini ed un disfrenarsi delle passioni e degl'istinti inferiori, fomento di disgregazione sociale, di degenerazione morale, di egoistico ed incosciente spirito di rivolta ad ogni legge e disciplina.

L'individuo contro lo Stato; espressione tipica dell'aspetto politico della corruttela degli animi insofferenti di ogni superiore norma di vita umana che vigorosamente regga e contenga i sentimenti ed i pensieri dei singoli. Il Fascismo pertanto alle sue origini fu un movimento politico e morale. La politica sentì e propugnò come palestra di abnegazione e sacrificio dell'individuo ad un'idea in cui l'individuo possa trovare la sua ragione di vita, la sua libertà ed ogni suo diritto; idea che è patria, come ideale che si viene realizzando storicamente senza mai esaurirsi, tradizione storica determinata e individuata di civiltà ma tradizione che nella coscienza del cittadino, lungi dal restare morta memoria del passato, si fa personalità consapevole di un fine da attuare, tradizione perciò e missione.

Di qui il carattere religioso del Fascismo.

Questo carattere religioso è perciò intransigente, spiega il metodo di lotta seguito dal Fascismo nei quattro anni dal 1919 al 1922. I fascisti erano minoranza, nel Paese e nel Parlamento, dove entrarono, piccolo nucleo, con le elezioni del 1921. Lo Stato costituzionale era perciò, e doveva essere, antifascista, poiché era lo Stato della maggioranza, ed il Fascismo aveva contro di sé appunto questo Stato che si diceva liberale; ed era liberale, ma del liberalismo agnostico ed abdicatorio, che non conosce se non la libertà esteriore. Lo Stato che è liberale perché si ritiene estraneo alla coscienza del libero cittadino, quasi meccanico sistema di fronte alla attività dei singoli. Non era perciò, evidentemente, lo Stato vagheggiato dai socialisti, quantunque i rappresentanti dell' ibrido socialismo democratizzante e parlamentaristico, si fossero, anche in Italia, venuti adattando a codesta concezione individualistica della concezione politica. Ma non era neanche lo Stato, la cui idea aveva potentemente operato nel periodo eroico italiano del nostro Risorgimento, quando lo Stato era sorto dall'opera di ristrette minoranze, forti della forza di un'idea alla quale gl'individui si erano in diversi modi piegati e si era fondato col grande programma di fare gli italiani, dopo aver dato loro l'indipendenza e l'unità.

Contro tale Stato il Fascismo si accampò anch'esso con la forza della sua idea la quale, grazie al fascino che esercita ogni idea religiosa che inviti al sacrificio, attrasse intorno a sé un numero rapidamente crescente di giovani e fu il partito dei giovani (come dopo i moti del 1831 da analogo bisogno politico e morale era sorta la 'Giovane Italia' di Giuseppe Mazzini).

Questo partito ebbe anche il suo inno di giovinezza che venne cantato dai fascisti con gioia di cuore esultante!

E cominciò ad essere, come la 'Giovane Italia' mazziniana, la fede di tutti gli italiani sdegnosi del passato e bramosi del rinnovamento. Fede, come ogni fede che urti contro una realtà costituita da infrangere e fondere nel crogiolo delle nuove energie e riplasmare in conformità del nuovo ideale ardente ed intransigente.

Era la fede stessa maturatasi nelle trincee e nel ripensamento intenso del sacrificio consumatosi nei campi di battaglia pel solo fine che potesse giustificarlo: la vita e la grandezza della Patria. Fede energica, violenta, non disposta a nulla rispettare che opponesse alla vita, alla grandezza della Patria.

Sorse così lo squadrismo. Giovani risoluti, armati, indossanti la camicia nera, ordinati militarmente, si misero contro la legge per instaurare una nuova legge, forza armata contro lo Stato per fondare il nuovo Stato.

Lo squadrismo agì contro le forze disgregatrici antinazionali, la cui attività culminò nello sciopero generale del luglio 1922 e finalmente osò l'insurrezione del 28 ottobre 1922, quando colonne armate di fascisti, dopo avere occupato gli edifici publici delle provincie, marciarono su Roma. La Marcia su Roma, nei giorni in cui fu compiuta e prima, ebbe i suoi morti, soprattutto nella Valle Padana. Essa, come in tutti i fatti audaci di alto contenuto morale, si compì dapprima fra la meraviglia e poi l'ammirazione e infine il plauso universale. Onde parve che ad un tratto il popolo italiano avesse ritrovato la sua unanimità entusiastica della vigilia della guerra, ma più vibrante per la coscienza della vittoria già riportata e della nuova onda di fede ristoratrice venuta a rianimare la Nazione vittoriosa sulla nuova via faticosa della urgente restaurazione delle sue forze finanziarie e morali.

IL GOVERNO FASCISTA

Lo squadrismo e l'illegalismo cessavano e si delineavano gli elementi del regime voluto dal Fascismo. Tra il 29 e 30 ottobre ripartirono da Roma nel massimo ordine le 50.000 camicie nere che dalle provincie avevano marciato sulla Capitale; partirono dopo aver sfilato davanti a S.M. il Re; partirono ad un cenno del loro Duce, divenuto Capo del Governo e anima della nuova Italia auspicata del Fascismo.

La rivoluzione era finita? In un certo senso sì; lo squadrismo non aveva più ragione d'essere. Fu creata la M.V.S.N. per inquadrare nelle forze armate dello Stato gli antichi squadristi. Ma lo Stato non è il Governo ed il Governo attendeva tuttavia, fra il consenso della grande maggioranza degli italiani che nel Fascismo vedono la forza politica più possente e capace d'esprimere dal seno della Nazione e disciplinare tutte le forze, alla trasformazione della legislazione in cui lo Stato deve trovare oggi la forma più adeguata alle correnti sociali e alle esigenze spirituali del popolo italiano. Questa trasformazione ha un luogo gradualmente in mezzo ad un perfetto ordine pubblico, sotto un regime finanziario severo che ha ricondotto il bilancio dissestato del dopoguerra al pareggio attraverso il riordinamento dell'Esercito, della magistratura e delle istituzioni scolastiche senza scosse né incertezze, quantunque non sian mancate e non manchino oscillazioni dell'opinione pubblica agitata violentemente da una pubblica stampa che, irrigiditasi in una opposizione tanto più accanita quanto più disperata di ogni possibilità di ritorno al passato, profitta di ogni errore e di ogni incidente per sobillare il popolo contro la tenace dura opera costruttiva del nuovo Governo.

Ma gli stranieri, che sono venuti in Italia, sorpassando quella cerchia di fuoco creata intorno all'Italia fascista dai tiri di interdizione con cui una feroce propaganda cartacea e verbale, interna ed esterna, di italiani e non italiani, ha cercato di isolare l'Italia fascista, calunniandola come un paese caduto in mano all'arbitrio più violento e più cinico, negatore di ogni civile libertà legale e garanzia di giustizia; gli stranieri che hanno potuto vedere coi propri occhi questa Italia, e udire coi propri orecchi i nuovi italiani e vivere la loro vita materiale e morale, hanno cominciato dall'invidiare l'ordine pubblico oggi regnante in Italia, poi si sono interessati allo spirito che si sforza ogni giorno più d'impossessarsi di questa macchina così bene ordinata e han cominciato a sentire che qui batte un cuore pieno di umanità, quantunque scosso, da un'esasperante passione patriottica; giacché la Patria del Fascista è pure la Patria che vive e vibra nel petto di ogni uomo civile, quella Patria cui il sentimento dappertutto si è riscosso nella tragedia della guerra e vigila, in ogni paese, e deve vigilare a guardia di interessi sacri, anche dopo la guerra; anzi per effetto della guerra, che nessuno più crede l'ultima.

Codesta Patria è pure riconsacrazione delle tradizioni e degli istituti che sono la costanza della civiltà, nel flusso e nella perennità delle tradizioni. Ed è scuola di subordinazione di ciò che è particolare ed inferiore a ciò che è universale e immortale, è rispetto della legge e disciplina, è libertà ma libertà da conquistare attraverso la legge, che si instaura con rinuncia a tutto ciò che è piccolo arbitrio e velleità irragionevole e dissipatrice. È concezione austera della vita, è serietà religiosa, che non dipinge ideali magnifici per relegarli fuori di questo mondo, dove è duro sforzo di idealizzare la vita ed esprimere i propri convincimenti nella stessa azione o con parole che siano esse stesse azioni, impegnando chi le pronuncia e impegnando con lui il mondo stesso di cui egli è parte viva e responsabile in ogni istante del tempo, in ogni segreto respiro della coscienza.

Questo ideale è un ideale, ma un ideale per cui si lotta in Italia oggi, con contrasti fierissimi che dimostrano che si fa sul serio e che c'é una fede negli animi. Il Fascismo, come tutti i grandi movimenti individuali, si fa sempre più forte, più capace di attrazione e di assorbimento, più efficiente e ingranato nel congegno degli spiriti, delle idee, degli interessi e delle istituzioni; insomma nella compagine viva del popolo italiano. E allora non è più il caso di contare e misurare i singoli uomini, ma di guardare e valutare l'idea, la quale come ogni idea vera, cioè viva, dotata di una sua potenza, non è fatta dagli uomini ma per gli uomini.

[...]

Manifesto degli intellettuali antifascisti
Una risposta di scrittori, professori e pubblicisti italiani, al manifesto degli intellettuali fascisti

Gli intellettuali fascisti riuniti in congresso a Bologna, hanno indirizzato un manifesto agl'intellettuali di tutte le nazioni per spiegare e difendere innanzi ad essi la politica del partito fascista.

Nell'accingersi a tanta impresa, quei volonterosi signori non debbono essersi rammentati di un consimile e famoso manifesto, che agli inizi della guerra europea, fu bandito al mondo dagl' intellettuali tedeschi; un manifesto che raccolse, allora, la riprovazione universale, e più tardi dai tedeschi stessi fu considerato un errore.

E veramente, gl'intellettuali, ossia i cultori della scienza e dell'arte, se, come cittadini, esercitano il loro diritto e adempiono il loro dovere con l'iscriversi a un partito e fedelmente servirlo, come intellettuali hanno il solo dovere di attendere, con l'opera dell' indagine e della critica, e con le creazioni dell'arte, a inalzare parimenti tutti gli uomini e tutti i partiti a più alta sfera spirituale affinché, con effetti sempre più benefici, combattano le lotte necessarie. Varcare questi limiti dell'ufficio a loro assegnato, contaminare politica e letteratura, politica e scienza è un errore che, quando poi si faccia, come in questo caso, per patrocinare deplorevoli violenze e prepotenze e la soppressione della libertà di stampa, non può dirsi neppure un errore generoso.

E non è nemmeno, quello degl'intellettuali fascisti, un atto che risponda di molto delicato sentire verso la Patria, i cui travagli non è lecito sottoporre al giudizio degli stranieri, incuranti (come, del resto, è naturale) di guardarli fuori dei diversi e particolari interessi politici delle proprie nazioni.

Nella sostanza, quella scrittura è un imparaticcio scolaresco, nel quale in ogni punto si notano confusioni dottrinali e mal filati raziocinamenti; come dove si prende in scambio l'atomismo di certe costruzioni della scienza politica del secolo decimottavo col liberalismo del secolo decimonono, cioè l'antistorico e astratto e matematico democraticismo, con la concezione sommamente storica della libera gara e dell'avvicendarsi dei partiti al potere, onde, mercé l'opposizione, si attua, quasi graduandolo, il progresso; – o come dove, con facile riscaldamento retorico, si celebra la doverosa sottomissione degl'individui al tutto, quasi che sia in questione ciò, e non invece la capacità delle forme autoritarie a garantire il più efficace elevamento morale; – o, ancora, dove si perfidia nel pericoloso indiscernimento tra istituti economici, quali sono i sindacati, ed istituti etici, quali sono le assemblee legislative, e si vagheggia l'unione o piuttosto la commistione dei due ordini, che riuscirebbe alla reciproca corruttela, o quanto meno, al reciproco impedirsi. E lasciamo a parte le ormai note e arbitrarie interpretazioni e manipolazioni storiche. Ma il maltrattamento delle dottrine e della storia è cosa di poco conto, in quella scrittura, a paragone dell'abuso che vi si fa della parola 'religione'; perché, a senso dei migliori intellettuali fascisti, noi ora in Italia saremmo allietati da una guerra di religione, dalle gesta di un nuovo evangelo e di un nuovo apostolato contro una vecchia superstizione, che rilutta alla morte la quale le sta sopra e alla quale dovrà pur piegarsi: – e ne recano a prova l'odio e il rancore che ardono, ora come non mai tra italiani e italiani. Chiamare contrasto di religione l'odio e il rancore che si accendono contro un partito che nega ai componenti degli altri partiti il carattere di italiani e li ingiuria stranieri, e in quell'atto stesso si pone esso agli occhi di quelli come straniero e oppressore, e introduce così nella vita della Patria i sentimenti e gli abiti che sono propri di tali conflitti; nobilitare col nome di religione il sospetto e l'animosità sparsi dappertutto, che hanno tolto persino ai giovani delle Università l'antica e fidente fratellanza nei comuni e giovanili ideali, e li tengono gli uni contro gli altri in sembianti ostili; è cosa che suona, a dir vero, come un'assai lugubre facezia.

In che mai consisterebbe il nuovo evangelo, la nuova religione, la nuova fede, non si riesce a intendere dalle parole del verboso manifesto; e, d'altra parte, il fatto pratico, nella sua muta eloquenza, mostra allo spregiudicato osservatore un incoerente e bizzarro miscuglio di appelli all'autorità e di demagogismo, di proclamata riverenza alle leggi e di violazione delle leggi, di concetti ultra-moderni e di vecchiumi muffiti, di atteggiamenti assolutistici e di tendenze bolsceviche, di miscredenze e di corteggiamenti alla Chiesa cattolica, di aborrimento dalla cultura e di conati sterili verso una cultura priva delle sue premesse, di sdilinquimenti mistici e di cinismo. E se anche taluni plausibili provvedimenti sono stati attuati o avviati dal governo presente, non è in essi nulla che possa vantarsi di un'originale impronta, tale da dare indizio di nuovo sistema politico che si denomini dal fascismo.

Per questa caotica e inafferrabile 'religione' noi non ci sentiamo, dunque, di abbandonare la nostra vecchia fede: la fede che da due secoli e mezzo è stata l'anima dell'Italia che risorgeva, dell'Italia moderna; quella fede che si compose di amore alla verità, di aspirazione alla giustizia, di generoso senso umano e civile, di zelo per l'educazione intellettuale e morale, di sollecitudine per la libertà, forza e garanzia di ogni avanzamento. Noi rivolgiamo gli occhi alle immagini degli uomini del Risorgimento, di coloro che per l'Italia operarono, patirono e morirono; e ci sembra di vederli offesi e turbati in volto alle parole che si pronunziano e agli atti che si compiono dai nostri italiani avversari, e gravi e ammonitori a noi perché teniamo salda la loro bandiera. La nostra fede non è un'escogitazione artificiosa e astratta o un invasamento di cervello, cagionato dal mal certe o mal comprese teorie; ma è il possesso di una tradizione, diventata disposizione del sentimento, conformazione mentale o morale.

Ripetono gl'intellettuali fascisti, nel loro manifesto, la trita frase che il Risorgimento d'Italia fu l'opera di una minoranza; ma non avvertono che ciò appunto fu la debolezza della nostra costituzione politica e sociale; e anzi par quasi che si compiacciano della odierna per lo meno apparente indifferenza di gran parte dei cittadini d'Italia dinanzi ai contrasti tra il fascismo e i suoi oppositori. I liberali di tal cosa non si compiacquero mai, e si studiarono a tutto potere di venire chiamando sempre maggior numero d'italiani alla vita pubblica; e in questo fu la precipua origine anche di qualcuno dei più disputati loro atti, come la largizione del suffragio universale. Perfino il favore col quale venne accolto da molti liberali nei primi tempi, il movimento fascistico, ebbe tra i suoi sottintesi la speranza che, mercé di esso, nuove e fresche forze sarebbero entrate nella vita politica, forze di rinnovamento e (perché no?) anche forze conservatrici. Ma non fu mai nei loro pensieri di mantenere nell'inerzia e nell'indifferenza il grosso della Nazione, appagandone taluni bisogni materiali, perché sapevano che, a questo modo, avrebbero tradito le ragioni del Risorgimento italiano e ripigliato le male arti dei governi assolutistici e quietistici.

Anche oggi, né quell'asserita indifferenza e inerzia, né gl'impedimenti che si frappongono alla libertà, c'inducono a disperare o a rassegnarci. Quel che importa è che si sappia ciò che si vuole e che si voglia cosa d'intrinseca bontà. La presente lotta politica in Italia varrà, per ragioni di contrasto, a ravvivare e a fare intendere in modo più concreto al nostro popolo il pregio degli ordinamenti e dei metodi liberali, e a farli amare con più consapevole affetto. E forse un giorno, guardando serenamente al passato, si giudicherà che la prova che ora sosteniamo, aspra e dolorosa a noi, era uno stadio che l'Italia doveva percorrere per rinvigorire la sua vita nazionale, per compiere la sua educazione politica, per sentire in modo più severo i suoi doveri di popolo civile.

5.6 Benedetto Croce, 'La storia come storia della libertà', in *La storia come pensiero e azione* (Bari: Laterza, 1938), 46–50.

Although an early supporter of fascism who even voted in favor of the regime after the Matteotti crisis, Benedetto Croce (1866–1952) eventually came to represent an intellectual bulwark against fascism. Croce however, was an anomaly. His international fame prevented the regime from taking retaliatory action against him; at the same time fascism could point to the Neapolitan philosopher and claim that intellectuals were 'free' in Italy. Croce was a Renaissance man, writing in the fields of philosophy, aesthetics, logic, literary criticism, history, and historiography. His review, *La Critica*, was an important voice in Italian culture. On 1 May 1925, he published the 'Manifesto degli intellettuali antifascisti' and became a symbol for two generations of antifascists. In his scholarly work of the 1930s, Croce was often implicitly critical of fascism. Croce insisted that fascism was not the logical culmination of Italian history but that history was the gradual unfolding of liberty. For many in Italy, reading Croce's famous *La storia come pensiero e azione* was itself a form of antifascism.

Che la storia sia storia della libertà è un famoso detto dello Hegel ripetuto un po' a orecchio e divulgato in tutta Europa dal Cousin, dal Michelet, e da altri scrittori francesi, ma che nello Hegel e nei suoi ripetitori ha il significato, che abbiamo criticato di sopra, di una storia del primo nascere, della libertà, del suo crescere, del suo farsi adulta e stare salda in questa raggiunta età definitiva, incapace di ulteriori sviluppi (mondo orientale, mondo classico, mondo germanico – uno solo libero, alcuni liberi, tutti liberi). Con diversa intenzione e diverso contenuto quel detto è qui pronunziato, non per assegnare alla storia il tema del formarsi di una libertà che prima non era e un giorno sarà, ma per affermare la libertà come l'eterna formatrice della storia soggetto stesso di ogni storia.

Come tale, essa è, per un verso, il principio esplicativo del corso storico e, per l'altro, l'ideale morale dell'umanità.

Niente di più frequente che udire ai giorni nostri l'annunzio giubilante o l'ammissione rassegnata o la lamentazione disperata che la libertà abbia ormai disertato il mondo, che il suo ideale sia tramontato sull'orizzonte della storia, con un tramonto senza promessa di aurora. Coloro che cosí parlano scrivono e stampano, meritano il perdono motivato con le parole di Gesú: perché non sanno quel che si dicano. Se lo sapessero, se riflettessero, si accorgerebbero che asserire morta la libertà vale lo stesso che asserire morta la vita, spezzata la sua intima molla. E, per ciò che s'attiene all'ideale, proverebbero grande imbarazzo all'invito di enunciare l'ideale che si è sostituito, o potrebbe mai sostituirsi, a quello della libertà; e anche qui si avvedrebbero che non ve n'ha alcun altro che lo pareggi, nessun altro che faccia battere il cuore dell'uomo nella sua qualità di uomo, nessun altro che meglio risponda, alla legge stessa della vita, che è la storia e le deve perciò corrispondere un ideale nel quale la libertà sia accettata, e rispettata, e messa in condizione di produrre opere sempre piú alte.

Certo, nell'opporre alle legioni dei diversamente pensanti o diversamente favellanti queste proposizioni apodittiche si è ben consapevoli che esse sono proprio di quelle che possono far sorridere o muovere a scherni verso il filosofo, il quale par che caschi sul mondo come un uomo dell'altro mondo, ignaro di ciò che la realtà è, cieco e sordo alle sue dure fattezze e alla sua voce e ai suoi gridi. Anche senza soffermarsi sugli avvenimenti e sulle condizioni contemporanee onde in molti paesi gli ordini liberali, che furono il grande acquisto del secolo decimonono e sembrarono acquisto in perpetuo, sono crollati e in molti altri s'allarga il desiderio di questo crollo, la storia tutta mostra, con brevi intervalli d'inquieta, malsicura e disordinata libertà, con rari lampeggiamenti di una felicità piuttosto intravista che mai posseduta, un accavallarsi di oppressioni, d'invasioni barbariche, di depredazioni, di tirannie profane ed ecclesiastiche, di guerre tra i popoli e nei popoli, di persecuzioni, di esili e di patiboli. E, con questa vista innanzi agli occhi, il detto che la storia è storia della libertà suona come un'ironia o, asserito sul serio, come una balordaggine.

Senonché la filosofia non sta al mondo per lasciarsi sopraffare dalla realtà quale si configura nelle immaginazioni percosse e smarrite, ma per interpretarla, sgombrando le immaginazioni. Cosí, indagando e interpretando, essa, la quale ben sa come l'uomo che rende schiavo l'altro uomo sveglia nell'altro la coscienza di sé e lo avviva alla libertà, vede serenamente succedere a periodi di maggiore altri di minore libertà, perché quanto piú stabilito e indisputato è un ordinamento liberale, tanto piú decade ad abitudine, e, scemando nell'abitudine la vigile coscienza di sé stesso e la prontezza della difesa, si dà luogo ad un vichiano ricorso di ciò che si credeva che non sarebbe mai riapparso al mondo, e che a sua volta aprirà un nuovo corso. Vede, per esempio, le democrazie e le repubbliche, come quelle della Grecia nel IV secolo o di Roma nel I, in cui la libertà rimaneva nelle forme istituzionali ma non piú nell'anima e nel costume, perdere anche quelle forme come colui che non ha saputo aiutarsi e che invano si è cercato di raddrizzare con buoni consigli viene abbandonato all'aspra correzione che la vita farà di lui. Vede l'Italia, esausta e disfatta, dai barbari deposta nella tomba con la sua pomposa veste d'imperatrice, risorgere, come dice il poeta, agile marinaia nelle sue repubbliche del Tirreno e dell'Adriatico. Vede i re assoluti, che abbatterono le libertà del baronaggio e del clero, diventate privilegi, e che sovrapposero a tutti il loro governo, esercitato per mezzo di una loro burocrazia e sostenuto da un loro proprio esercito, preparare un'assai piú larga e piú utile partecipazione dei popoli alla libertà politica; e un Napoleone, distruttore anch'esso di una libertà tale solo d'apparenza e di nome e alla quale egli tolse apparenza e nome, agguagliatore di popoli sotto il suo dominio, lasciar dopo di sé questi stessi popoli avidi di libertà e resi piú esperti di quel che veramente fosse ed alacri a impiantarne, come poco dopo fecero in tutta Europa, gl'istituti. La vede, anche nei tempi piú cupi e piú grevi, fremere nei versi dei poeti ed affermarsi nelle pagine dei pensatori ed ardere solitaria e superba, in alcuni uomini, inassimilabili al mondo che li attornia, come in quell'amico che Vittorio Alfieri scoperse nella Siena settecentesca e granducale, 'liberissimo spirto' nato 'in prigion dura', dove stava 'qual leon che dorme', e pel quale egli scrisse il dialogo della *Virtú sconosciuta*. La vede in tutti i tempi, e nei propizi non meno che negli avversi, schietta e robusta e consapevole solo negli animi dei pochi, sebbene essi soli siano poi quelli che storicamente contano, come solo ai pochi veramente parlano i grandi filosofi, i grandi poeti, gli uomini grandi, ogni qualità di opere grandi, anche quando le folle li acclamano e deificano, pronte sempre ad abbandonarli per altri idoli da farvi chiasso intorno e per esercitare, sotto qualsiasi motto e bandiera, la naturale disposizione alla cortigianeria e servilità; e per questo, per esperienza e per meditazione, egli pensa e dice a sé stesso che, se nei tempi liberali si ha la grata illusione di godere di una ricca compagnia, e se in quelli illiberali si ha l'opposta e ingrata illusione di trovarsi in solitudine o in quasi solitudine, illusoria era certamente la prima credenza ottimistica, ma, per ventura, illusoria è anche la seconda, pessimistica. Questa, e tante altre cose simili a queste, vede, e ne conclude che se la storia non è punto un idillio, non è neppure una 'tragedia di orrori', ma è un dramma in cui tutte le azioni, tutti i personaggi, tutti i componenti del coro sono, nel senso aristotelico, 'mediocri', colpevoli-incolpevoli, misti di bene e di male, e tuttavia il pensiero direttivo è in essa sempre il bene, a cui il male finisce per servire da stimolo, l'opera è della libertà che sempre si sforza di ristabilire, e sempre ristabilisce, le condizioni sociali e politiche di una piú intensa libertà. Chi desideri in breve persuadersi che la libertà non può vivere diversamente da come è vissuta e vivrà sempre nella storia, di vita pericolosa e combattente, pensi per un istante a un mondo di libertà senza contrasti, senza minacce e senza oppressioni di nessuna sorta; e subito se ne ritrarrà inorridito come dall'immagine, peggio che della morte, della noia infinita.

Ciò posto, che cosa sono le angosce per la perduta libertà, le invocazioni, le deserte speranze, le parole di amore e di furore che escono dal petto degli uomini in certi momenti e in certe età della storia? È stato già detto di sopra in un caso analogo: non verità filosofiche né verità storiche, ma neppure errori o sogni; sono moti della coscienza morale, storia che si fa.

5.7 Cesare Pavese, 'Si sentí una nuova tristezza', in _Il carcere_ (Turin: Einaudi, 1948, 1990), 3–10.

Like Carlo Levi, Cesare Pavese was associated with the antifascist movement Giustizia e Libertà in Turin; and like Levi, Pavese too was sentenced to _confino_ in the Mezzogiorno and experienced the revelations of the northern intellectual coming into contact with the poor, rural peasantry. Here, though, the comparisons end; for if Levi was gregarious, extroverted and outgoing, Pavese was painfully shy, reserved, and insecure. A major theme of his writing is his difficulty in establishing human relationships, especially with women. In order to flee the linguistic and aesthetic bombast of the fascist regime, Pavese sought refuge in American literature, translating the works of Emerson, Whitman, Anderson, and Steinbeck. The themes in Pavese's writings – solitude, nature, nostalgia, violence, myth and destiny – are all found here in *Il carcere*. To protect the woman he loves, a member of the Italian Communist Party, Pavese is willing to suffer *confino*, only to discover later that the woman he sought to protect has betrayed him. Pavese committed suicide in 1950; his diary, *Il mestiere di vivere*, was published posthumously in 1952.

Stefano sapeva che quel paese non aveva niente di strano, e che la gente ci viveva, a giorno a giorno, e la terra buttava e il mare era il mare, come su qualunque spiaggia. Stefano era felice del mare: venendoci, lo immaginava come la quarta parete della sua prigione, una vasta parete di colori e di frescura, dentro la quale avrebbe potuto inoltrarsi e scordare la cella. I primi giorni persino si riempí il fazzoletto di ciottoli e di conchiglie. Gli era parsa una grande umanità del maresciallo che sfogliava le sue carte, rispondergli: 'Certamente. Purché sappiate nuotare.'

Per qualche giorno Stefano studiò le siepi di fichidindia e lo scolorito orizzonte marino come strane realtà di cui, che fossero invisibili pareti d'una cella, era il lato piú naturale. Stefano accettò fin dall'inizio senza sforzo questa chiusura d'orizzonte che è il confino: per lui che usciva dal carcere era la libertà. Inoltre sapeva che dappertutto è paese, e le occhiate incuriosite e caute delle persone lo rassicuravano sulla loro simpatia. Estranei invece, i primi giorni, gli parvero le terre aride e le piante, e il mare mutevole. Li vedeva e ci pensava di continuo. Pure, via via che la memoria della cella vera si dissolveva nell'aria, anche queste presenze ricaddero a sfondo.

Stefano si sentí una nuova tristezza proprio sulla spiaggia un giorno che, scambiata qualche parola con un giovanotto che s'asciugava al sole, aveva raggiunto nuotando il quotidiano scoglio che faceva da boa.

'Sono paesacci,' aveva detto quel tale, 'di quaggiú tutti scappano per luoghi piú civili. Che volete! A noi tocca restarci.'

Era un giovane bruno e muscoloso, una guardia di finanza dell'Italia centrale. Parlava con un accento scolpito che piaceva a Stefano, e si vedevano qualche volta all'osteria.

Seduto sullo scoglio col mento sulle ginocchia, Stefano socchiudeva gli occhi verso la spiaggia desolata. Il grande sole versava smarrimento. La guardia aveva accomunata la propria sorte alla sua, e l'improvvisa pena di Stefano era fatta di umiliazione. Quello scoglio, quelle poche braccia di mare, non bastavano a evadere da riva. L'isolamento bisognava spezzarlo proprio fra quelle case basse, fra quella gente cauta raccolta fra il mare e la montagna. Tanto piú se la guardia – come Stefano sospettava – solo per cortesia aveva parlato di civiltà.

La mattina Stefano attraversava il paese – la lunga strada parallela alla spiaggia – e guardava i tetti bassi e il cielo limpido, mentre la gente dalle soglie guardava lui. Qualcuna delle case aveva due piani e la facciata scolorita dalla salsedine; a volte una fronda d'albero dietro un muro suggeriva un ricordo. Tra una casa e l'altra appariva il mare, e ognuno di quegli squarci coglieva Stefano di sorpresa, come un amico inaspettato. Gli antri bui delle porte basse, le poche finestre spalancate, e i visi scuri, il riserbo delle donne anche quando uscivano in istrada a vuotare terraglie, facevano con lo splendore dell'aria un contrasto che aumentava l'isolamento di Stefano. La camminata finiva sulla porta dell' osteria, dove Stefano entrava a sedersi e sentire la sua libertà, finché non giungesse l'ora torrida del bagno.

Stefano, in quei primi tempi, passava insonni le notti nella sua catapecchia, perch'era di notte che la stranezza del giorno lo assaliva agitandolo, come un formicolio del sangue. Nel buio, ai suoi sensi il brusio del mare diventava muggito, la freschezza dell'aria un gran vento, e il ricordo dei visi un'angoscia. Tutto il paese di notte s'avventava entro di lui sul suo corpo disteso. Ridestandosi, il sole gli portava pace.

Stefano seduto davanti al sole della soglia ascoltava la sua libertà, parendogli di uscire ogni mattina dal carcere. Entravano avventori all'osteria, che talvolta lo disturbavano. A ore diverse passava in bicicletta il maresciallo dei carabinieri.

L'immobile strada, che si faceva a poco a poco meridiana, passava da sé davanti a Stefano: non c'era bisogno di seguirla. Stefano aveva sempre con sé un libro e lo teneva aperto innanzi e ogni tanto leggeva.

Gli faceva piacere salutare e venir salutato da visi noti. La guardia di finanza, che prendeva il caffè al banco, gli dava il buon giorno, cortese.

'Siete un uomo sedentario', diceva con qualche ironia. 'Vi si vede sempre seduto, al tavolino o sullo scoglio. Il mondo per voi non è grande.'

'Ho anch'io la mia consegna', rispondeva Stefano. 'E vengo da lontano.'

La guardia rideva. 'Mi hanno detto del caso vostro. Il maresciallo è un uomo puntiglioso, ma capisce con chi ha da fare. Vi lascia persino sedere all'osteria, dove non dovreste.'

Stefano non era sempre certo che la guardia scherzasse, e in quella voce chiara sentiva l'uniforme.

Un giovanotto grasso, dagli occhi vivaci, si fermava sulla porta e li ascoltava. Diceva a un tratto: 'Mostrine gialle, non ti accorgi che l'ingegnere ti compatisce e che lo secchi?' La guardia, sempre sorridendo, scambiava un'occhiata con Stefano. 'In questo caso, tu saresti il terzo incomodo.'

Tutti e tre si studiavano, chi pacato e chi beffardo, con un vario sorriso. Stefano si sentiva estraneo a quel gioco e cercava di equilibrare gli sguardi e di coglierne il peso. Sapeva che per rompere la barriera bastava conoscere la legge capricciosa di quelle impertinenze e prendervi parte. Tutto il paese conversava cosí, a occhiate e canzonature. Altri sfaccendati entravano nell'osteria e allargavano la gara.

Il giovane grasso, che si chiamava Gaetano Fenoaltea, era il piú forte, anche perché stava di fronte all'osteria, nel negozio di suo padre, padrone di tutte quelle case, e per lui attraversare la strada non era abbandonare il lavoro.

Questi sfaccendati si stupivano che tutti i giorni Stefano se ne andasse alla spiaggia. Qualcuno di loro veniva con lui ogni tanto; gli avevano anzi indicata loro la comodità dello scoglio; ma era soltanto per compagnia o per un estro intermittente. Non capivano la sua abitudine, la giudicavano infantile: nuotavano e conoscevano l'onda meglio di lui, perché ci avevano giocato da ragazzi, ma per loro il mare non voleva dir nulla o soltanto un refrigerio. L'unico che ne parlò seriamente fu il giovane bottegaio che gli chiese se prima, via, prima del pasticcio, andava a fare la stagione sulla Riviera. E anche Stefano, benché certe mattine uscisse all'alba e andasse da solo sulla sabbia umida a vedere il mare, cominciò, quando sentiva all'osteria che nessuno sarebbe venuto quel giorno con lui, a temere la solitudine e ci andava soltanto per bagnarsi e passare mezz'ora.

Incontrandosi davanti all'osteria, Stefano e il giovane grasso scambiavano un semplice cenno. Ma Gaetano preferiva mostrarsi quando già c'era crocchio, e senza parlare direttamente con Stefano, soltanto canzonando gli astanti, lo isolava in una sfera di riserbo.

Dopo i primi giorni divenne loquace anche con lui. Di punto in bianco lo prendeva calorosamente sotto braccio, e gli diceva: 'Ingegnere, buttate 'sto libro. Qui non abbiamo scuole. Voi siete in ferie, in villeggiatura. Fate vedere a questi ragazzi che cos'è l'Altitalia.'

Quel braccetto era sempre cosí inaspettato, che a Stefano pareva come quando, adolescente, aveva, col cuore che batteva, avvicinato donne per strada. A quell'esuberanza non era difficile resistere, tanto piú che lo metteva in imbarazzo davanti agli astanti. Stefano s'era sentito troppo studiato da quegli occhietti nei primi giorni, per poterne adesso accettare senz'altro la cordialità. Ma il buon viso di Gaetano voleva dire il buon viso di tutta l'osteria, e Gaetano, per quanto, quando voleva, squadrasse freddamente l'interlocutore, aveva l'ingenuità della sua stessa autorevolezza.

Fu a lui che Stefano domandò se non c'erano delle ragazze in paese, e, se c'erano, come mai non si vedevano sulla spiaggia. Gaetano gli spiegò con qualche impaccio che facevano il bagno in un luogo appartato, di là dalla fiumara, e al sorriso canzonatorio di Stefano ammise che di rado uscivano di casa.

'Ma ce ne sono?' insisté Stefano.

'E come!' disse Gaetano sorridendo compiaciuto. 'La nostra donna invecchia presto, ma è tanto piú bella in gioventú. Ha una bellezza fina, che teme il sole e le occhiate. Sono vere donne, le nostre. Per questo le teniamo rinchiuse.'

'Da noi le occhiate non bruciano', disse Stefano tranquillo.

'Voialtri avete il lavoro, noi abbiamo l'amore.'

Stefano non provò la curiosità di andare alla fiumara per spiare le bagnanti. Accettò quella tacita legge di separazione come accettava il resto. Viveva in mezzo a pareti d'aria. Ma che quei giovani facessero all'amore, non era convinto. Forse nelle case, dietro le imposte sempre chiuse, qualcuno di quei letti conosceva un po' d'amore, qualche sposa viveva il suo tempo. Ma i giovani, no. Stefano sorprendeva anzi discorsi di scappate in città – non sempre di scapoli – e allusioni a qualche serva di campagna, bestia da lavoro tanto disprezzata che si poteva parlarne.

Specialmente all'imbrunire si sentiva quella povertà. Stefano usciva sull'angolo della sua casetta e si sedeva s'un mucchio di sassi, a guardare i passanti. La penombra s'animava di lumi e qualche imposta si schiudeva alla frescura. La gente passava con un lieve fruscio e qualche sussurro, talvolta in gruppi parlottanti. Qualche gruppo piú chiaro, piú isolato, era formato di ragazze. Non si spingevano molto lontano e subito riapparivano, rientrando in paese.

Di coppie non se ne vedevano. Se qualche gruppo s'incrociava, si sentivano asciutti saluti. Quel riserbo, del resto, piaceva a Stefano che dopo il tramonto non poteva allontanarsi dal domicilio e, piú che la gente, cercava la notte e la dimenticata solitudine dell'ombra. Tanto ne aveva dimenticato la dolcezza, che bastava un fiato di vento, il frinio di un grillo e un passo, l'ombra enorme del poggio contro il cielo pallido, per fargli piegare la gota sulla spalla, come se una mano lo carezzasse compiacente. La tenebra chiudendo l'orizzonte ampliava la sua libertà e ridava campo ai suoi pensieri.

A quell'ora era sempre solo, e solo passava la maggior parte del pomeriggio. All'osteria nel pomeriggio si giocava alle carte e Stefano, presavi parte, a poco a poco si faceva inquieto, e sentiva il bisogno d'uscire. Certe volte si recava alla spiaggia, ma quel bagno nudo e solitario nel mare verde dell'alta marea gl'incuteva sgomento e lo faceva rivestirsi in fretta nell'aria già fresca.

134

Usciva allora dal paese che gli pareva troppo piccolo. Le catapecchie, le rocce del poggio, le siepi carnose, ridiventavano una tana di gente sordida, di occhiate guardinghe, di sorrisi ostili. Si allontanava dal paese per lo stradale che usciva, in mezzo a qualche ulivo, sui campi che orlavano il mare. Si allontanava, intento, sperando che il tempo passasse, che qualcosa accadesse. Gli pareva che avrebbe camminato all'infinito, volto al piatto orizzonte marino. Dietro il poggio il paese spariva, e le montagne dell'interno sorgevano a chiudere il cielo.

Stefano non andava lontano. Lo stradale era un terrapieno rialzato, che metteva sott'occhio la triste spiaggia e le campagne vuote. Lontano alla svolta si scorgeva un po' di verde, ma a mezza strada Stefano cominciava a guardarsi dattorno. Tutto era grigio e ostile, tranne l'aria e la distanza delle montagne. Qualche volta nei campi s'intravedeva un contadino. Qualche volta sotto la strada ce n'era uno accovacciato. Stefano, che aveva camminato pieno di rancore provava uno scatto di pace dolorosa, di triste allegrezza, e si fermava e lentamente ritornava.

Rientrando nel paese era quasi lieto. Le prime case avevano un volto quasi amico. Riapparivano raccolte sotto il poggio, caldo nell'aria limpida, e sapere che davanti avevano il mare tranquillo le rendeva cordiali alla vista quasi com'erano state il primo giorno.

All'entrata del paese, tra le prime casette, ce n'era una isolata fra lo stradale e la spiaggia. Stefano prese l'abitudine di darvi un'occhiata ogni volta che passava. Era una casa dai muri in pietra grigia, con una scaletta esterna che portava a una loggetta laterale, aperta sul mare. Per un riscontro di finestre – insolitamente spalancate – appariva, a chi guardasse dall'alto della strada, come forata e piena di mare. Il riquadro luminoso si stagliava netto e intenso, come il cielo di un carcerato. C'erano sul davanzale dei gerani scarlatti, e Stefano si fermava ogni volta.

La sua fantasia diede un balzo quando vide un mattino su quella scaletta una certa ragazza. L'aveva veduta girare in paese – la sola – con un passo scattante e contenuto, quasi una danza impertinente, levando erta sui fianchi il viso bruno e caprigno con una sicurezza ch'era un sorriso. Era una serva, perché andava scalza e a volte portava acqua.

Stefano si era fatta l'idea che le donne di quella terra fossero bianche e grassocce come polpa di pere, e quell'incontro lo stupiva. Nella reclusione della sua bassa catapecchia, fantasticava su quella donna con un senso di libertà e di distacco, affrancato, per la stranezza stessa dell'oggetto, da ogni pena di desiderio. Che ci fosse un rapporto tra la finestra dei gerani e la ragazza, allargava arricchendolo il gioco del suo stupore.

Stefano passava disteso sul letto le ore piú torride del pomeriggio, seminudo per il gran caldo, e il riverbero bianco del sole gli faceva socchiudere gli occhi. Nel fastidio e nel ronzio di quell'immobilità, si sentiva vivo e desto, e a volte gli accadeva di tastarsi l'anca con la mano. Tali appunto, magri e forti, dovevan essere i fianchi di quella donna.

Fuori, oltre la ferrata, nascosto da un terrapieno c'era il mare meridiano. Venivano momenti che il silenzio bruciante sgomentava Stefano; e allora egli si scuoteva e saltava dal letto in calzoncini. Così aveva fatto nel carcere, in lontani pomeriggi. La stanza dal tetto a terrazzo era un gran bagno di sudore, e Stefano si faceva alla bassa finestra dove il muro gettava un po' di ombra e l'anfora di terra si rinfrescava. Stefano ne stringeva con le mani i fianchi svelti e umidicci, e sollevandola di peso se la portava alle labbra. Scendeva con l'acqua un sapore terroso, aspro contro i denti, che Stefano godeva piú dell'acqua e gli pareva il sapore stesso dell'anfora. C'era dentro qualcosa di caprigno, selvatico e insieme dolcissimo, che ricordava il colore dei gerani.

Anche la donna scalza, come tutto il paese, andava ad attinger acqua con un'anfora come quella. La portava poggiata obliqua sul fianco, abbandonandosi sulle caviglie. Tutte queste anfore erano dolci e allungate, d'un colore tra il bruno e il carnicino, qualcuna piú pallida. Quella di Stefano era lievemente rosata, come una guancia esotica.

Soltanto per quest'anfora, Stefano era grato alla sua padrona di casa. La vecchia – una donna grassa che si muoveva a fatica – stava seduta in un suo negozietto sullo stradale e gli mandava qualche volta un ragazzino a portargli l'acqua. Qualche volta mandava pure a rifargli la camera: scopavano, rimboccavano il letto, lavavano qualcosa. Ciò avveniva di mattina, quando Stefano era fuori.

La gioia di riavere una porta da chiudere e aprire, degli oggetti da ordinare, un tavolino e una penna – ch'era tutta la gioia della sua libertà – gli era durata a lungo, come una convalescenza, umile come una convalescenza. Stefano ne sentí presto la precarietà, quando le scoperte ridivennero abitudini; ma vivendo quasi sempre fuori, come faceva, riservò per la sera e la notte il suo senso d'angoscia.

La sera, venne qualche rara volta un carabiniere a controllare se era in casa. Dopo il tramonto e prima dell'alba Stefano non doveva uscire. Il carabiniere si fermava laconico sulla porta, nell'alone di luce, accennava un saluto, e se ne andava. Un compagno lo attendeva nell'ombra col moschetto a tracolla. Una volta venne anche il maresciallo, con stivali e mantellina, di passaggio per qualche perlustrazione. Intrattenne Stefano sulla soglia, esaminando divertito l'interno della stanza. Stefano si vergognò per tutti i cartocci ammonticchiati in un angolo, le cassette, il disordine e il cattivo odore, pensando alla spaziosa caserma sulla piazzetta, che ogni giorno un carabiniere scopava, e ai bei balconi aperti sul mare.

Al pianterreno della caserma c'erano le carceri, dalle finestre accecate in modo che la luce filtrasse dall'alto. Ogni mattina Stefano vi passava sotto, e pensava che le celle dovevano somigliare un poco per sporcizia alla sua camera. Qualche volta ne usciva il brusio di una voce o il tintinnio di una gavetta, e allora Stefano sapeva che qualcuno – villano, ladruncolo, o vagabondo – era carcerato nell'ombra.

5.8 Antonio Gramsci, 'Che cosa è l'uomo?', from *Quaderni del carcere*, reprinted in *Opere di Antonio Gramsci*, vol. 2, *Il materialismo storico e la filosofia di Benedetto Croce* (Turin: Einaudi, 1949) 27–32.

Born into a petit bourgeois family in Sardegna, Gramsci (1891–1937) won a scholarship to attend the University of Turin. In Turin he collaborated with Palmiro Togliatti, Angelo Tasca and Umberto Terracini (all later members of the PCI) on the review, *L'Ordine Nuovo*. Gramsci advocated a radical transformation of Italian society through the factory council movement and was the leading light of the PCI when it was formed in 1921. He is recognized as having crafted the most fundamental and important analysis of Marxism in western Europe. Arrested notwithstanding his parliamentary immunity, he was tried and sentenced to twenty years in prison. There he reflected on Marxism, humanism, idealist philosophy, the role of intellectuals, and the possibilities of a socialist transformation of society, filling numerous notebooks with his thoughts. The *Quaderni del carcere* (Prison Notebooks) were published after the war and were essential catalysts for the renewal of Italian intellectual, cultural and political life after the war.

Here, Gramsci reflects on the eternal question of philosophy: what is man? Notice how his answer repudiates Sturzo (see above) and tries to synthesize the principles of Marxism with the humanistic tradition of the west.

Che cosa è l'uomo? È questa la domanda prima e principale della filosofia. Come si può rispondere? La definizione si può trovare nell'uomo stesso, e cioè in ogni singolo uomo. Ma è giusta? In ogni singolo uomo si può trovare che cosa è ogni 'singolo uomo'. Ma a noi non interessa che cosa è ogni singolo uomo, che poi significa che cosa è ogni singolo uomo in ogni singolo momento. Se ci pensiamo, vediamo che ponendoci la domanda che cosa è l'uomo, vogliamo dire: che cosa l'uomo può diventare, se cioè l'uomo può dominare il proprio destino, può 'farsi', può crearsi una vita. Diciamo dunque che l'uomo è un processo e precisamente è il processo dei suoi atti. Se ci pensiamo, la stessa domanda: che cosa è l'uomo? non è una domanda astratta o 'obbiettiva'. Essa è nata da ciò che abbiamo riflettuto su noi stessi e sugli altri e vogliamo sapere, in rapporto a ciò che abbiamo riflettuto e visto, cosa siamo, e cosa possiamo diventare, se realmente ed entro quali limiti, siamo 'fabbri di noi stessi', della nostra vita, del nostro destino. E ciò vogliamo saperlo 'oggi', nelle condizioni date oggi, della vita 'odierna' e non di una qualsiasi vita e di un qualsiasi uomo.

La domanda è nata, riceve il suo contenuto, da speciali, cioè determinati modi di considerare la vita e l'uomo: il più importante di questi modi è la 'religione' ed una determinata religione, il cattolicismo. In realtà, domandandoci: 'cos'è l'uomo', quale importanza ha la sua volontà e la sua concreta attività nel creare se stesso e la vita che vive, vogliamo dire: 'è il cattolicismo una concezione esatta dell'uomo e della vita? essendo cattolici, cioè facendo del cattolicismo una norma di vita, sbagliamo o siamo nel vero?' Tutti hanno la vaga intuizione che, facendo del cattolicismo una norma di vita, sbagliano, tanto vero che nessuno si attiene al cattolicismo come norma di vita, pur dichiarandosi cattolico. Un cattolico integrale, che cioè applicasse in ogni atto della vita, le norme cattoliche sembrerebbe un mostro, ciò che è, a pensarci, la critica piú rigorosa del cattolicismo stesso e la piú perentoria.

I cattolici diranno che nessuna altra concezione è seguita puntualmente, ed hanno ragione, ma ciò dimostra solo che non esiste di fatto, storicamente, un modo di concepire ed operare uguale per tutti gli uomini e niente altro; non ha nessuna ragione favorevole al cattolicismo, sebbene questo modo di pensare ed operare da secoli sia organizzato a questo scopo, ciò che ancora non è avvenuto per nessun' altra religione con gli stessi mezzi, con lo stesso spirito di sistema, con la stessa continuità e centralizzazione. Dal punto di vista 'filosofico' ciò che non soddisfa nel cattolicismo è il fatto che esso, nonostante tutto, pone la causa del male nell'uomo stesso individuo, cioè concepisce l'uomo come individuo ben definito e limitato. Tutte le filosofie finora esistite può dirsi che riproducono questa posizione del cattolicismo, cioè concepiscono l'uomo come individuo limitato alla sua individualità e lo spirito come tale individualità. È su questo punto che occorre riformare il concetto dell'uomo. Cioè occorre concepire 'uomo come una serie di rapporti attivi (un processo) in cui se l'individualità ha la massima importanza, non è però il solo elemento da considerare. L'umanità che si riflette in ogni individualità è composta di diversi elementi: 1) l'individuo; 2) gli altri uomini; 3) la natura. Ma il secondo e il terzo elemento non sono così semplici come potrebbe apparire. L'individuo non entra in rapporti con gli altri uomini per giustapposizione, ma organicamente, cioè in quanto entra a far parte di organismi dai piú semplici ai piú complessi. Così l'uomo non entra in rapporti con la natura semplicemente per il fatto di essere egli stesso natura, ma attivamente, per mezzo del lavoro e della tecnica. Ancora. Questi rapporti non sono meccanici. Sono attivi e coscienti, cioè corrispondono a un grado maggiore o minore d'intelligenza che di essi ha il singolo uomo. Perciò si può dire che ognuno cambia se stesso, si modifica, nella misura in cui cambia e modifica tutto il complesso di rapporti di cui egli è il centro di annodamento. In questo senso il filosofo reale è e non può non essere altri che il politico, cioè l'uomo attivo che modifica l'ambiente, inteso per ambiente l'insieme dei rapporti di cui ogni singolo entra a far parte. Se la propria individualità è l'insieme di questi rapporti, farsi una personalità significa acquistare coscienza di tali rapporti, modificare la propria personalità significa modificare l'insieme di questi rapporti.

Ma questi rapporti, come si è detto, non sono semplici. Intanto, alcuni di essi sono necessari, altri volontari. Inoltre averne coscienza piú o meno profonda (cioè conoscere piú o meno il modo con cui si possono modificare) già li modifica. Gli stessi rapporti necessari in quanto sono conosciuti nella loro necessità, cambiano d'aspetto e d'importanza. La conoscenza è potere, in questo senso. Ma il problerna è complesso anche per un altro aspetto: che non basta conoscere l'insieme dei rapporti in quanto esistono in un momento dato come un dato sistema, ma importa conoscerli geneticamente, nel loro moto di formazione, poiché ogni individuo non solo è la sintesi dei rapporti esistenti ma anche della storia di questi rapporti, cioè è il riassunto di tutto il passato. Si dirà che ciò che ogni singolo può cambiare è ben poco, in rapporto alle sue forze. Ciò che è vero fino a un certo punto. Poiché il singolo può associarsi con tutti quelli che vogliono lo stesso cambiamento e se questo cambiamento è razionale, il singolo può moltiplicarsi per un numero imponente di volte e ottenere un cambiamento ben piú radicale di quello che a prima vista può sembrare possibile.

Le società alle quali un singolo può partecipare sono molto numerose, piú di quanto può sembrare. È attraverso queste 'società' che il singolo fa parte del genere umano. Così sono molteplici i modi con cui il singolo entra in rapporto colla natura, poiché per tecnica deve intendersi non solo quell'insieme di nozioni scientifiche applicate industrialmente che di solito s'intende, ma anche gli strumenti 'mentali', la conoscenza filosofica.

Che l'uomo non possa concepirsi altro che vivente in società è luogo comune, tuttavia non se ne traggono tutte le conseguenze necessarie anche individuali: che una determinata società umana presupponga una determinata società delle cose e che la società umana sia possibile solo in quanto esiste una determinata società delle cose è anche luogo comune. È vero che finora a questi organismi oltre individuali è stato dato un significato meccani-cistico e deterministico (sia la *societas hominum* che la *societas rerum*): quindi la reazione. Bisogna elaborare una dottrina in cui tutti questi rapporti sono attivi e in movimento, fissando ben chiaro che sede di questa attività è la coscienza dell'uomo singolo che conosce, vuole, ammira, crea, in quanto già conosce, vuole, ammira, crea, ecc. e si concepisce non isolato ma ricco di possibilità offertegli dagli altri uomini e dalla società delle cose di cui non può non avere una certa conoscenza. (Come ogni uomo è filosofo, ogni uomo è scienziato, ecc.).

L'affermazione di Feuerbach: 'L'uomo è quello che mangia', puo essere, presa in sé, interpretata variamente. Interpretazione gretta e stolta: – cioè l'uomo è volta per volta quello che mangia materialmente, cioè i cibi hanno una immediata influenza deter-minatrice sul modo di pensare. Ricordare l'affermazione di Amadeo Bordiga che, se si sapesse ciò che un uomo ha mangiato prima di un discorso, per esempio, si sarebbe in grado di interpretare meglio il discorso stesso. Affermazione infantile, e, di fatto, estranea anche alla scienza positiva, poiché il cervello non viene nutrito di fave o di tartufi, ma i cibi giungono a ricostituire le molecole del cervello trasformati in sostanze omogenee e assimilabili, che hanno cioè la 'stessa natura' potenziale delle molecole cerebrali. Se questa affermazione fosse vera, la storia avrebbe la sua matrice determin-ante nella cucina e le rivoluzioni coinciderebbero coi mutamenti radicali dell'alimentazione di massa. Il contrario è storicamente vero: cioè sono le rivoluzioni e il complesso sviluppo storico che hanno modificato l'alimentazione e creato i 'gusti' successivi nella scelta dei cibi. Non è la semina regolare del frumento, che ha fatto cessare il nomadismo, ma viceversa, le condizioni emergenti contro il nomadismo hanno spinto alle semine regolari, ecc.

D'altronde è anche vero che 'l'uomo è quello che mangia', in quanto l'alimentazione è una delle espressioni dei rapporti sociali nel loro complesso, e ogni raggruppamento sociale ha una sua fondamentale alimentazione, ma allo stesso modo si può dire che 'l'uomo è il suo abbigliamento', 'l'uomo è il suo appartamento', 'l'uomo è il suo particolare modo di riprodursi cioè la sua famiglia', poiché coll'alimentazione, l'abbigliamento, la casa, la riproduzione sono elementi della vita sociale in cui appunto in modo più evidente e più diffuso (cioè con estensione di massa) si manifesta il complesso dei rapporti sociali.

Il problema di cos'è l'uomo è dunque sempre il così detto problema della 'natura umana' o anche quello del così detto 'uomo in generale', cioè la ricerca di creare una scienza dell'uomo (una filosofia) che parta da un concetto inizialmente 'unitario,' da un' astrazione in cui si possa contenere tutto l'umano'. Ma l' 'umano' è un punto di partenza o un punto di arrivo, come concetto e fatto unitario? o non è piuttosto, questa ricerca, un residuo 'teologico' e 'metafisico' in quanto posto come punto di partenza? La filosofia non può essere ridotta ad una naturalistica 'antropologia', cioè l'unità del genere umano non è data dalla natura 'biologica' dell'uomo: le differenze dell'uomo, che contano nella storia non sono quelle biologiche (razze, conformazione del cranio, colore della pelle ecc., e a ciò si riduce poi l'affermazione: 'l'uomo è ciò che mangia' – mangia grano in Europa, riso in Asia ecc. – che si ridurrebbe poi all'altra affermazione: 'l'uomo è il paese dove abita', poiché la gran parte degli alimenti in generale, è legata alla terra abitata) e neppure 'l'unità biologica' ha mai contato gran che nella storia (l'uomo è quell'animale che ha mangiato se stesso, proprio quando era più vicino allo 'stato naturale', cioè quando non poteva moltiplicare 'artificialmente' la produzione dei beni naturali). Neanche 'la facoltà di ragionare' o lo 'spirito' ha creato unità e può essere riconosciuto come fatto 'unitario', perché concetto solo formale, categorico. Non il 'pensiero', ma ciò che realmente si pensa unisce o differenzia gli uomini.

Che la 'natura umana' sia il 'complesso dei rapporti sociali' è la risposta più soddisfacente, perché include l'idea del divenire: l'uomo diviene, si muta continuamente col mutarsi dei rapporti sociali e perché nega l'uomo in generale': infatti i rapporti sociali sono espressi da diversi gruppi di uomini che si presuppongono, la cui unità è dialettica, non formale. L'uomo è aristocratico in quanto è servo della gleba ecc. Si può anche dire che la natura dell'uomo è la 'storia' (e in questo senso – posto storia uguale spirito – che la natura dell'uomo è lo spirito) se appunto si dà a storia il significato di 'divenire', in una 'concordia discors' che non parte dall'unità, ma ha in sé le ragioni di una unità possibile: perciò la 'natura umana' non può ritrovarsi in nessun uomo particolare ma in tutta la storia del genere umano (e il fatto che si adoperi la parola 'genere,' di carattere naturalistico ha il suo significato) mentre in ogni singolo si trovano caratteri messi in rilievo dalla contraddizione con quelli di altri. La concezione di 'spirito' delle filosofie tradizionali come quella di 'natura umana' trovata nella biologia dovebbero spiegarsi come 'utopie scienti-fiche' che sostituirono la maggior utopia della 'natura umana' cercata in Dio (e gli uomini – figli di Dio) e servono a indicare il travaglio continuo della storia, un'aspirazione razionale e sentimen-tale ecc. È vero che tanto le religioni che affermano l'eguaglianza degli uomini come figli di Dio o le filosofie che affermano la loro uguaglianza come partecipanti della facoltà di ragionare, sono state espressioni di complessi movimenti rivoluzionari (la trasfor-mazione del mondo classico – la trasformazione del mondo medioevale) che hanno posto gli anelli piú potenti dello sviluppo storico.

Che la dialettica hegeliana sia stata l'ultimo riflesso di questi grandi nodi storici e che la dialettica, da espressione delle contrad-dizioni sociali debba diventare, con la sparizione di queste contraddizioni, una pura dialettica concettuale, sarebbe alla base delle ultime filosofie a base utopistica come quella del Croce.

Nella storia l''uguaglianza' reale, cioè il grado di 'spiritualità' raggiunto dal processo storico della 'natura umana si identifica nel sistema di associazioni 'private e pubbliche', 'esplicite ed impli-cite' che si annodano nello 'Stato' e nel sistema mondiale politico: si tratta di 'uguaglianze' sentite come tali fra i membri di una associazione e di 'diseguaglianze' sentite tra le diverse associa-zioni; uguaglianze e disuguaglianze che valgono in quanto se ne abbia coscienza individualmente e come gruppo. Si giunge così anche alla eguaglianza o equazione tra 'filosofia e politica' tra pensiero e azione, cioè ad una filosofia della prassi. Tutto è politico, anche la filosofia o le filosofie e la sola 'filosofia' è la storia in atto, cioè è la vita stessa. In questo senso si può interpretare la tesi del proletariato tedesco erede della filosofia classica tedesca – e si può affermare che la teorizzazione e la realizzazione dell'egemonia fatta da Ilici [Lenin] e stato anche un grande avvenimento 'metafisico'.

6 Fascist racism, anti-Semitism and the Holocaust

6.1 'Faccetta nera', at <www.italia-rsi.org/cantiitalia/canfascivent.htm>

In 1935 fascist Italy invaded the independent African country of Ethiopia. Catholic bishops blessed Italian soldiers leaving to fight other Christians as millions donated wedding rings to the cause. In May 1936, Marshal Pietro Badoglio and Italian forces entered the capital city of Addis Abeba, and Mussolini proclaimed the creation of an 'African Empire' from the balcony of Palazzo Venezia in Rome. This song was sung by Italian soldiers in Abyssinia (Ethiopia) and represents the beginning of a racial 'consciousness' in fascist Italy.

Faccetta nera

Se tu dall'altopiano guardi il mare,
moretta che sei schiava tra gli schiavi,
vedrai come in un sogno tante navi
e un tricolore sventolar per te.

Faccetta nera, bell'abissina
aspetta e spera che già l'ora s'avvicina
quando saremo vicino a te
noi ti daremo un'altra legge e un altro Re.

La legge nostra è schiavitù d'amore
il nostro motto è libertà e dovere
vendicheremo noi camicie nere
gli eroi caduti liberando te.

Faccetta nera, bell'abissina …

Faccetta nera, piccola abissina,
ti porteremo a Roma liberata

dal sole nostro tu sarai baciata
sarai in camicia nera pure tu.

Faccetta nera sarai romana,
la tua bandiera sarà sol quella italiana,
noi marceremo insieme a te
e sfileremo avanti al Duce, avanti al Re.

6.2 *Manifesto degli scienziati razzisti*, at <www.menorah.it/ Articoli/storia/razz1.htm>

When the fascist movement was born in Milan on 23 March 1919, there was no sign of anti-Semitism. In fact, Italian Jews participated in the movement, as middle-class Italians, not Jews. Aldo Finzi was named undersecretary of the Interior and Guido Jung was Finance Minister. There had, of course, always been anti-Semitism in Italy, often cultivated by the Catholic Church; theologically Jews were seen as having betrayed Christ; in secular terms, Jews were often associated with materialism, rationalism, liberalism and socialism – in short, modernism in all its forms. With the Ethiopian War, the regime became race-conscious and issued decrees forbidding sexual relations between Italian soldiers and Ethiopian women. An anti-Semitic press campaign was begun by the regime as early as 1934. The increasingly close alliance with Hitler's Germany allowed fascist anti-Semites, until then held in check by Mussolini, greater voice. The 'Manifesto degli scienziati razzisti' was published for the first time in the *Giornale d'Italia* on 14 July 1938 and signed by 180 scientists (mostly non-entities). It was published by the regime's strongest anti-Semite and racist, Telesio Interlandi, in his review *La difesa della razza* on 5 August 1938. According to the diaries of Giuseppe Bottai and Galeazzo Ciano, it was almost completely written by Mussolini himself.

Manifesto degli scienziati razzisti

1. Le razze umane esistono. La esistenza delle razze umane non è già una astrazione del nostro spirito, ma corrisponde a una realtà fenomenica, materiale, percepibile con i nostri sensi. Questa realtà

146

è rappresentata da masse, quasi sempre imponenti di milioni di uomini simili per caratteri fisici e psicologici che furono ereditati e che continuano ad ereditarsi. Dire che esistono le razze umane non vuol dire a priori che esistono razze umane superiori o inferiori, ma soltanto che esistono razze umane differenti.

2. Esistono grandi razze e piccole razze. Non bisogna soltanto ammettere che esistano i gruppi sistematici maggiori, che comunemente sono chiamati razze e che sono individualizzati solo da alcuni caratteri, ma bisogna anche ammettere che esistano gruppi sistematici minori (come per es. i nordici, i mediterranei, i dinarici, ecc.) individualizzati da un maggior numero di caratteri comuni. Questi gruppi costituiscono dal punto di vista biologico le vere razze, la esistenza delle quali è una verità evidente.

3. Il concetto di razza è concetto puramente biologico. Esso quindi è basato su altre considerazioni che non i concetti di popolo e di nazione, fondati essenzialmente su considerazioni storiche, linguistiche, religiose. Però alla base delle differenze di popolo e di nazione stanno delle differenze di razza. Se gli Italiani sono differenti dai Francesi, dai Tedeschi, dai Turchi, dai Greci, ecc., non è solo perché essi hanno una lingua diversa e una storia diversa, ma perché la costituzione razziale di questi popoli è diversa. Sono state proporzioni diverse di razze differenti, che da tempo molto antico costituiscono i diversi popoli, sia che una razza abbia il dominio assoluto sulle altre, sia che tutte risultino fuse armonicamente, sia, infine, che persistano ancora inassimilate una alle altre le diverse razze.

4. La popolazione dell'Italia attuale è nella maggioranza di origine ariana e la sua civiltà ariana. Questa popolazione a civiltà ariana abita da diversi millenni la nostra penisola; ben poco è rimasto della civiltà delle genti preariane. L'origine degli Italiani attuali parte essenzialmente da elementi di quelle stesse razze che costituiscono e costituirono il tessuto perennemente vivo dell' Europa.

5. È una leggenda l'apporto di masse ingenti di uomini in tempi storici. Dopo l'invasione dei Longobardi non ci sono stati in Italia altri notevoli movimenti di popoli capaci di influenzare la fisionomia razziale della nazione. Da ciò deriva che, mentre per altre

nazioni europee la composizione razziale è variata notevolmente in tempi anche moderni, per l'Italia, nelle sue grandi linee, la composizione razziale di oggi è la stessa di quella che era mille anni fa: i quarantaquattro milioni d'Italiani di oggi rimontano quindi nella assoluta maggioranza a famiglie che abitano l'Italia da almeno un millennio.

6. Esiste ormai una pura 'razza italiana'. Questo enunciato non è basato sulla confusione del concetto biologico di razza con il concetto storico-linguistico di popolo e di nazione ma sulla purissima parentela di sangue che unisce gli Italiani di oggi alle generazioni che da millenni popolano l'Italia. Questa antica purezza di sangue è il più grande titolo di nobiltà della Nazione italiana.

7. È tempo che gli Italiani si proclamino francamente razzisti. Tutta l'opera che finora ha fatto il Regime in Italia è in fondo del razzismo. Frequentissimo è stato sempre nei discorsi del Capo il richiamo ai concetti di razza. La questione del razzismo in Italia deve essere trattata da un punto di vista puramente biologico, senza intenzioni filosofiche o religiose. La concezione del razzismo in Italia deve essere essenzialmente italiana e l'indirizzo ariano-nordico. Questo non vuole dire però introdurre in Italia le teorie del razzismo tedesco come sono o affermare che gli Italiani e gli Scandinavi sono la stessa cosa. Ma vuole soltanto additare agli Italiani un modello fisico e soprattutto psicologico di razza umana che per i suoi caratteri puramente europei si stacca completamente da tutte le razze extra-europee, questo vuol dire elevare l'italiano ad un ideale di superiore coscienza di se stesso e di maggiore responsabilità.

8. È necessario fare una netta distinzione fra i Mediterranei d'Europa (Occidentali) da una parte gli Orientali e gli Africani dall'altra. Sono perciò da considerarsi pericolose le teorie che sostengono l'origine africana di alcuni popoli europei e comprendono in una comune razza mediterranea anche le popolazioni semitiche e camitiche stabilendo relazioni e simpatie ideologiche assolutamente inammissibili.

9. Gli ebrei non appartengono alla razza italiana. Dei semiti che nel corso dei secoli sono approdati sul sacro suolo della nostra Patria nulla in generale è rimasto. Anche l'occupazione araba della

148

Sicilia nulla ha lasciato all'infuori del ricordo di qualche nome; e del resto il processo di assimilazione fu sempe rapidissimo in Italia. Gli ebrei rappresentano l'unica popolazione che non si è mai assimilata in Italia perché essa è costituita da elementi razziali non europei, diversi in modo assoluto dagli elementi che hanno dato origine agli Italiani.

10. I caratteri fisici e psicologici puramente europei degli Italiani non devono essere alterati in nessun modo. L'unione è ammissibile solo nell'ambito delle razze europee, nel quale caso non si deve parlare di vero e proprio ibridismo, dato che queste razze appartengono ad un ceppo comune e differiscono solo per alcuni caratteri, mentre sono uguali per moltissimi altri. Il carattere puramente europeo degli Italiani viene alterato dall'incrocio con qualsiasi razza extra-europea e portatrice di una civiltà diversa dalla millenaria civiltà degli ariani.

6.3   Fausto Coen, '16 ottobre 1943', in *16 ottobre 1943* (Florence: Giuntina, 1993), 61–74.

In the autumn of 1943, the nazis, with Italian fascists collaborating, began rounding up the Jews of Italy for deportation to extermination camps. In September of 1943, the SS Captain in Rome, Herbert Kappler, demanded a ransom of 50 kilos of gold in exchange for the Jews of the Eternal City. The gold was collected and deposited in the SS headquarters in via Tasso, and the Jewish community breathed a collective sigh of relief. Surely the Jews of Rome, citizens of the city for over 2,000 years and within sight of the Pope, would not suffer the fate of the Jews of eastern Europe. A few weeks later, specialists from the Einsatzstab Reichsleiter Rosenberg confiscated the priceless books and manuscripts in the Roman synagogue and Rabbinical College. In the early morning hours of 16 October 1943 (the Jewish festival of Succoth), the roundups began. Over 1,000 men, women and children were captured and held for three days at the Collegio Militare, a few hundred yards from the Vatican; Pope Pius XII refused to intervene. They were then loaded into railroad cars and transported to Auschwitz; only a handful returned. The Holocaust had come to Italy.

Sabato 16 ottobre era il terzo giorno della festa di Succòt dell'anno ebraico 5704. Succòt significa 'capanne'. La festa, che dura sette giorni, ricorda i 40 anni di viaggio nel deserto del Sinai sotto la guida di Mosè dopo la liberazione dalla schiavitù d'Egitto. Quarant' anni vissuti precariamente sotto le tende o giacigli di fortuna prima di arrivare alla sospirata terra 'del latte e del miele'. In molte case di ebrei osservanti che dispongono di uno spazio esterno viene costruita per quei sette giorni una capanna che vuole essere il simbolo non solo di quella 'precarietà biblica,' ma anche di quella esistenziale di ogni essere umano in ogni luogo e in ogni tempo. Nella capanna l'ebreo osservante recita le preghiere, medita, consuma almeno un pasto e, se il tempo lo permette, vi dorme.

Da secoli l'angustia delle case del vecchio quartiere romano non consentiva di costruire capanne individuali nemmeno simboliche. Ma una grande capanna veniva preparata ogni anno nello spazio verde che circonda il Tempio Maggiore di Lungotevere Cenci da quando la nuova Sinagoga era stata inaugurata con solennità nell'anno 1904. In quel giorno festoso nessuno certo immaginava che quarant'anni più tardi gli ebrei romani sarebbero stati travolti da tanta tragedia. Era un'ampia capanna rallegrata da grandi festoni di carta, fiori e frutta secondo la tradizione. Attorno ad essa in quei sette giorni si radunavano ogni anno verso sera i fedeli che accorrevano dalle viuzze vicine: tutta la colorita e vivace umanità del Portico d'Ottavia.

Ma quell'anno nessuno aveva potuto pensare alla capanna.

Verso la mezzanotte fra venerdì 15 e sabato 16 ottobre una sparatoria di inusitata violenza e durata scosse la quiete del vecchio quartiere. Da quando era stato stabilito il coprifuoco ogni notte si sentivano qua e là per Roma degli spari isolati, forse intimidazioni a chi era sorpreso a circolare contro i divieti. Ma questa volta si trattava di un fuoco concentrato, fitto, insistente come se si fosse ingaggiata una battaglia che pareva non dovesse finir mai. Verso chi era diretto quell'inferno di spari? Che cosa stava succedendo?

Molti ebrei si alzarono dal letto in quella notte di ottobre piovigginosa e insolitamente fredda. Qualcuno cercò di aprire uno spiraglio delle persiane per vedere o capire qualcosa, ma non vide nulla. Alle tre circa della notte, o forse un po' prima, tutto improvvisamente tacque. Un silenzio solenne dominò le antiche strade. Non era successo niente, gli animi si calmarono. Quelli che si erano alzati dal letto vi tornarono ritrovandovi con sollievo il non svanito tepore.

Non si è mai spiegata la ragione di quella violenta sparatoria che non può in nessun caso non essere messa in relazione a quel che doveva accadere qualche ora dopo. Si è pensato che i tedeschi sapessero o semplicemente temessero che, nonostante tutte le precauzioni per mantenere l'assoluta segretezza delle loro mosse, si fosse diffusa la voce della imminente invasione. Quella spara-toria doveva forse servire a dissuadere anche i più temerari dal tentare la fuga verso altre parti della città.

Il timore che qualche cosa fosse trapelato aveva un certo fonda-mento. Alle ore 23 di venerdì 15 i coniugi Sternberg-Montéldi, entrambi ebrei che provenivano da Trieste e avevano preso allog-gio a Roma all'albergo Vittoria, pur essendo muniti di passaporto svizzero vennero arrestati dalle SS per essere sottoposti a inter-rogatorio. Da nessun documento risultava che fossero ebrei, né i loro nomi figuravano su nessuno degli elenchi di Dannecker. È impossibile stabilire come la loro presenza fosse stata segnalata alle SS. In realtà, a poche ore dalla grande operazione del 16 ottobre, al Comando della Gestapo ci si accorse che quello era stato un pericoloso passo falso. Si temeva che la notizia dell'arresto avesse varcato le mura dell'albergo.

Quel 16 ottobre era un sabato, giorno di festa e di riposo per gli ebrei osservanti. E in Ghetto i più lo erano. Lavori e affari inter-rotti, negozi e botteghe artigiane chiusi. Inoltre era il terzo giorno della festa delle Capanne. Un sabato speciale, quasi una festa doppia insomma.

La tranquillità nelle vecchie e anguste case doveva essere tornata assoluta dopo la fine della sparatoria se nessuno o quasi si accorse che verso le 4 del mattino truppe delle SS – secondo alcune testimo-nianze – avevano cominciato a disporsi in vari punti della zona per bloccarne gli accessi. Sull'ora precisa in verità c'è discordanza.

Il primo che si accorse di qualcosa fu in quell'alba fredda e pioviginosa il proprietario di un modesto bar di piazza Giudìa, non ebreo, che alle 5,30 come ogni mattina era arrivato a piedi al suo locale dal quartiere di Testaccio dove abitava. Proprio mentre metteva sotto pressione la macchina del caffè espresso, vide due file di tedeschi – a suo avviso erano forse un centinaio – che si disponevano lungo i marciapiedi. Ma di quel che poteva essere avvenuto alle 4 del mattino, cioè il silenzioso blocco delle vie di accesso, il caffettiere non era stato testimone.

La grande razzia cominciò attorno alle 5,30. Vi presero parte un centinaio circa di quei 365 uomini (di cui 9 ufficiali e 30 sottufficiali) che erano il totale delle forze impiegate per la 'Judenoperation'.

Oltre duecento SS contemporaneamente si irradiarono, come vedremo, nelle 26 zone in cui la città era stata divisa da Dannecker per catturare casa per casa gli ebrei che abitavano fuori dal vecchio Ghetto.

L'antico quartiere ebraico fu l'epicentro di tutta l'operazione, non solo per l'alto numero delle persone catturate simultaneamente ma anche per la spettacolarità dell'azione e per la sua alta drammaticità.

Le SS entrarono di casa in casa arrestando le intere famiglie in gran parte sorprese ancora nel sonno. Quando le porte non vennero subito aperte le abbatterono col calcio dei fucili o le forzarono con leve di ferro. Tutte le persone prelevate vennero raccolte provvisoriamente in uno spiazzo che si trova poco al di là dello storico Portico d'Ottavia attorno ai resti del Teatro di Marcello. La maggior parte degli arrestati erano adulti, spesso anziani e assai più spesso vecchi. Molte le donne, i ragazzi, i fanciulli. Non venne fatta nessuna eccezione né per persone malate o impedite, né per le donne in stato interessante, né per quelle che avevano ancora i bimbi al seno. Per nessuno.

I giovani validi erano invece meno di quanti avrebbero potuto essere. Il Comando tedesco alcuni giorni prima aveva affisso in tutta Roma un ordine di mobilitazione per il servizio di lavoro obbligatorio per tutti i romani validi. Una parte di quelli di Portico d'Ottavia si erano nascosti. Alla data del 10 ottobre Piero Modigliani annotava nel suo diario: 'Tutti pensano che il rischio sia più per gli uomini validi che per le donne, i vecchi e i bambini ...'

I più, colti nel sonno all'arrivo dei tedeschi, credettero che i militari fossero venuti per prendere i giovani che nonostante il bando non si erano ancora presentati. Lo sgomento fu grande quando fu chiaro che non erano solo i giovani ma tutti indistintamente gli ebrei l'obbiettivo di quella operazione.

Molti romani quella mattina, trattenuti a distanza dalle transenne e dalle SS, furono muti testimoni del rastrellamento. Videro uomini vestiti sommariamente, spesso protetti da una coperta sulle spalle strappata dal letto prima di scendere in fretta le scale tallonati dai militari; bambini infagottati al freddo pungente di quell'alba piovigginosa d'ottobre; donne col cappotto frettolosamente e malamente infilato sopra la camicia da notte; giovani madri che cercavano di quietare il pianto di un bimbo lattante al seno. E udirono grida, richiami, raccomandazioni e singhiozzi.

I tedeschi tentarono di dare alla brutale operazione il carattere di un 'trasferimento'. Volevano un gregge inconsapevole e cercavano di evitare possibili gesti inconsulti, atteggiamenti ostili, disordini. Cercavano di evitare intoppi e contrattempi che potevano rallentare l'operazione. Volevano soprattutto fare presto.

A questo fine avevano consegnato a ciascuno un ordine bilingue:

1. Insieme con la vostra famiglia e con gli altri ebrei appartenenti alla vostra casa sarete trasferiti.
2. Bisogna portare con sé viveri per almeno 8 giorni, tessere annonarie, carta d'identità e bicchieri.
3. Si può portare via una valigetta con effetti e biancheria personali, coperte, eccet., danaro e gioielli.
4. Chiudere a chiave l'appartamento e prendere la chiave con sé.
5. Ammalati, anche casi gravissimi, non possono per nessun motivo rimanere indietro. Infermeria si trova nel campo.
6. Venti minuti dopo la presentazione di questo biglietto, la famiglia deve essere pronta per la partenza.

Si voleva far credere alle vittime ad una destinazione non definitiva. 'Chiudere a chiave l'appartamento e prendere la chiave con sé' faceva supporre un possibile ritorno. 'Tessere annonarie e di identità' implicavano una destinazione nella quale questi documenti avrebbero potuto servire. Ma perché allora '… ammalati anche gravissimi non possono restare indietro …?'

Tre o quattro autocarri per la pioggia erano stati ricoperti da tendoni scuri. Ne sarebbero occorsi di più, ma molti automezzi si erano irradiati nelle 26 'zone operative' di Dannecker. Nella relazione di Ugo Foà una nota forse postuma afferma che i teloni erano stati per l'occasione 'dipinti di nero'. Gli autocarri facevano la spola fra la zona di raccolta degli infelici e una località che non doveva essere troppo lontana, calcolato il breve tempo che intercorreva fra il completamento del carico di un camion e il ritorno a vuoto del precedente. Per cui tutti credettero di essere trasferiti in un altro quartiere della città. Non lasciavano dunque Roma. Una illusione che sarebbe presto caduta.

Sul 'raccapriccio impotente' della popolazione romana – come scrive Michael Tagliacozzo – che quella mattina assistette alla razzia c'è la testimonianza scritta di un anonimo impiegato del Ministero della Giustizia che alle 8 percorreva il Lungotevere Cenci per recarsi nel suo ufficio nella vicina via Arenula.

Viene verso di me una donna sgomenta e piangente traendosi per la mano una bambina di forse 5 anni. 'Ci salvi, ci salvi, signore', implora la poveretta. 'I tedeschi portano via tutti. Hanno preso mio marito e due figli.' Da un portone di via del Tempio alcune donne con bambini sono sospinte con maniere piuttosto brusche verso la strada. I bambini piangono. Ovunque si odono invocazioni e urla strazianti delle vittime. Coloro che vengono issati sui camion in partenza gridano raccomandazioni a quelli che sono ancora a terra e che a loro volta verranno caricati sul camion successivo. Rimango allibito e non riesco a capacitarmi perché tutto ciò avviene. Non m'è possibile comprendere quale pericolo possano rappresentare queste innocenti creature per la Germania. Allibito, rimasi ancora ad osservare la scena con l'inconscia speranza di poter essere d'aiuto in qualcosa alle vittime. Ad un tratto un graduato tedesco s'avvicina e mi grida d'andarmene, accompagnando le parole con un persuasivo spintone. Non mi resta che abbandonare il luogo ...

Ci sono altre testimonianze che esprimono stupore e sgomento.

Era la prima volta che Roma era testimone di un atto di persecuzione 'scoperta' in una operazione di massa nel cuore della città contro cittadini indifesi senza riguardo all'età, al sesso, alle condizioni fisiche.

'Spettacolo pietoso e a un tempo indegno e disumano', scrive Carlo Trabucco, un giornalista cattolico molto noto nel dopoguerra. 'L'anima di noi latini si ribella a questa ferocia nordica. La millenaria educazione cristiana degli italiani non può accettarla ...'

La marchesa Fulvia Ripa di Meana alla vista di un camion sul quale c'erano molti bambini ha detto

nei lori occhi dilatati dal terrore, nei loro visetti pallidi di pena, nelle loro manine che si aggrappavano spasmodiche alla fiancata dei camion la paura folle che li invadeva. Non piangevano più quei bambini, il terrore li aveva resi muti ...

Francesco Odoardi ha visto i deportati ammassati davanti al Teatro Marcello in attesa del camion sul quale sarebbero stati caricati.

Gli uomini, chi in giacca, chi in soprabito, tutti seduti sulle pietre antiche, o su valigie, ceste, sacchi o in terra, sembrano assenti. Forse danno un intimo addio a quei luoghi. Alcune donne con gesti lenti, sobri, senza speranza ma sempre amorosi, rassettano i vestitini e i cappottini indosso su loro figlioli. Sento un brivido di vergogna, mi vergogno per quelle SS ...

E dieci anni più tardi c'è chi non riesce a dimenticare quando, dietro le transenne alla vista dei bambini impauriti, 'una povera donna in piedi prese di tasca un rosario e incominciò a pregare e a piangere, mormorando ritmicamente con un tremito persistente delle labbra: "Povera carne innocente..."'

Queste impressioni postume, quando era ormai nota la immensa tragedia della Shoà, l'Olocausto, anticipano negli arrestati una consapevolezza che, pur nella drammaticità di quella mattina, in quel momento ancora non c'era. Ma in ogni caso documentano lo stato d'animo sgomento e indignato di chi ha visto.

Il caffettiere di cui abbiamo parlato ricorda che una SS ad un certo momento – singolare episodio – concesse ad un giovane arrestato che si sentiva male di prendere un caffè nel suo piccolo bar. Il poliziotto tedesco che lo scortava aveva rifiutato la bevanda che gli veniva offerta mentre per il tremito convulso che lo agitava il giovane ebreo versava sul bancone buona parte della sua. Ma il caffettiere soprattutto ricorda lo sguardo smarrito di quel giovane e le sue parole prima di uscire: 'Che cosa accadrà di noi?'

C'è chi aveva visto caricare un paralitico con la sua sedia. Lo avevano issato senza molte precauzioni sul camion come si fa con un vecchio mobile nei frettolosi trasporti della povera gente sfrattata di casa.

Un testimone fu stupito nello scorgere tra gli arrestati in fila una povera vecchia, che conosceva di vista. Da anni, lo sapevano tutti, era svanita di mente. Camminava tra i gendarmi saltellante e sorrideva di un vacuo sorriso a tutti, anche al suo aguzzino. Di quando in quando però, quasi in un rapido soprassalto di lucidità, recitava brandelli di preghiere.

Tra gli arrestati c'era un anziano macellaio di via del Pianto alto, magro, curvo, che accompagnava sottobraccio la moglie obesa e piangente, tarda nel passo. Una coppia malassortita che però aveva sempre ispirato grande rispetto e tenerezza nel quartiere perché si avvertiva nei due un profondo legame. Quando con fatica venne issata dalle SS sul camion, la povera donna svenne con un urlo di disperazione mentre il marito cercava di rincuorarla ripetendo 'Fà cuore, fà cuore ...' fra la commozione dei presenti e l'impassibilità dei gendarmi.

Fu vista una giovane donna con un bimbo al collo aprire la camicetta e mostrare il seno al poliziotto tedesco per fargli capire stringendo il capezzolo che non aveva più latte per la sua creatura. Mentre la sua compagna in un estremo tentativo di impietosire il militare gli afferrava una mano e la baciava piangendo.

Rosa Anticoli in fuga s'incamminò verso la fermata del tram con quattro bambini, uno dei quali, una bimba, era malata di difterite. La tradì un fagotto con dei panni di lana che si era portata dietro per la piccola sofferente. Una SS si insospettì e gridò: 'Jude, Jude.' Rosa cadde in ginocchio e chiese pietà. Il gendarme li spinse tutti col calcio del fucile sul camion.

Ci fu qualche raro caso in cui il trambusto, l'eccitazione, la fretta o una eccezionale presenza di spirito consentì a qualcuno di salvarsi.

Giacomo Debenedetti riferisce con molti dettagli la singolare e movimentata avventura di una donna che indica come 'Laurina S.' Il racconto è in certi tratti arricchito da particolari non del tutto attendibili che lo scrittore fedelmente registra pur con qualche riserva. 40 anni dopo quel giorno è la figlia di 'Laurina S', Rina Pavoncello, soprannominata 'Capinera,' che il 16 ottobre del '43 aveva 12 anni, che la racconta.

… Mia madre Laurina che aveva una gamba ingessata prese dei pacchetti di sigarette e incominciò a darli ai soldati per strada. Erano soldati austriaci non tedeschi. Gli fece cenno che doveva andare all'Ospedale e intanto spingeva avanti noi ragazzini. Quelli dissero 'ja ja', riuscimmo a svicolare e con noi vennero subito altri ragazzini che facevano finta di sorreggere mia madre per aiutarla a camminare. Ma lei fu così svelta che riuscì pure ad 'acchiappare' qualcuno già pronto a salire sul camion e a farlo scivolare via mentre i soldati erano distratti un po' dal trambusto e un po' dalle sigarette ...

Laurina e i bimbi riuscirono a raggiungere a perdifiato ponte Garibaldi che significava in quel momento la salvezza. La donna aveva il cuore in gola, la mente in subbuglio, non ce la fece più, svenne. La portarono al caffè all'angolo fra il Lungotevere e via Arenula per rianimarla. Qualcuno ancora lo ricorda.

Nella Della Seta racconta che l'amica Ninetta Di Porto 'era già sul camion con gli altri quando si accorse che aveva dimenticato di prendere un golf ...'. Le fu concesso di scendere e permisero pure alla sorella di accompagnarla. Una volta per strada qualcuno le disse di non tornare indietro, di scappare. Così fecero, e le due sorelle si salvarono con l'angoscia in quel momento e più tardi con il rimorso di aver abbandonato gli altri famigliari sul camion. Così la signora Emma Terracina si salvò perché nella lista in mano ai tedeschi risultava, probabilmente per un errore materiale, che in quella casa abitava la famiglia Sonnino. 'Noi eravamo Terracina – racconta – e così se ne andarono.' Circostanza questa che smentirebbe l'aggiornamento costante degli elenchi ministeriali di cui si è detto, a meno che non si fosse trattato di un trasloco molto recente non ancora registrato.

Alcuni si salvarono perché quel giorno venivano distribuite le sigarette ed erano scesi per mettersi in fila davanti al tabaccaio. Romeo Salmonì invece sfuggì alla deportazione per un ascesso al piede per il quale il giorno prima era stato ricoverato all'Ospedale. Lionello Terracina vide dalla finestra che stavano portando via tutti, non solo i giovani. 'Dissi ai miei: vestitevi come se fosse un giorno di festa', e li fece uscire due per volta. Quell'abbigliamento insolito non faceva pensare ad una fuga e fu una specie di lascia-passare.

Angela Spizzichino Di Consiglio quella mattina era uscita di casa presto con la sua bimba di nove mesi e due nipotine. In via Arenula vide il movimento dei camion tedeschi. 'Dissi alle mie nipotine: voi andate avanti, io vengo dietro. Se mi dovessero prendere non piangete ma andate subito in chiesa se no prendono pure voi.' Si salvarono. 'Olga Di Veroli era già in strada col padre. Un soldato tedesco (forse austriaco secondo la consueta interpretazione popolare) le si avvicinò e le fece capire di andarsene. Colla mano fece ripetutamente il gesto e poiché lei era titubante, il soldato prese il fucile mitragliatore con la canna all'insù, per rassicurarla che non le avrebbe sparato, mentre continuava a dire 'scappa, scappa ...'. Andarono, lei e il padre, di corsa verso Monte Savello, salirono sulla Circolare Rossa che stava ripartendo. Il conducente li vide affannati, sconvolti e chiese: 'Ma che siete ebrei?' Il padre dopo un attimo di esitazione rispose a voce bassa: 'Tentiamo tutto per tutto.' Allora il conducente disse: 'Non abbiate paura, venite con me.' Da Porta Garibaldi a viale Mazzini, un lungo tratto che prevede una decina di fermate, ad andatura insolitamente veloce non si fermò mai. A piazza Mazzini disse: 'Non posso seguitare a non fermarmi, mi fanno rapporto.' Ormai salvi i due scesero. Mino Moscati racconta che la sorella che non abitava in Ghetto era voluta restare quella notte con la nonna a Portico d'Ottavia. I tedeschi li avevano presi tutti. Erano già al portone con i fagotti quando il militare disse di aspettare un momento perché doveva spostare il camion. Mentre aspettavano 'passò uno – racconta – che disse: Ma che aspettate! scappate!' Così fecero: si salvarono.

Pochi casi fortunati quelli che abbiamo rievocato. Barlumi di luce in un buio profondo. Anche Settimio Calò si salvò. Anche lui era uscito di casa per fare la fila per le sigarette. Ma quando tornò nella sua casa, non trovò più nessuno. Né la moglie né i dieci figli, il più grande dei quali aveva 21 anni e il più piccolo, Samuele, ancora lattante, 4 mesi.

Mi gettai contro le porte, volevo unirmi agli altri, non capivo più niente ... poi mi sedetti a terra e cominciai a piangere. Ho vissuto solo perché ho sempre sperato di riaverne almeno uno, magari Samuele. Rimasi vivo io solo e vorrei essere morto.

Quando verso le 14 il rastrellamento si era concluso l'antico Ghetto apparve silenzioso e deserto, come mai era stato in tanti secoli.

Venivano alla mente i primi versi delle lamentazioni del profeta
Geremia:

Come siede solitaria la città …
È diventata come vedova la signora delle genti …
Raddoppia i pianti nella notte
e le lacrime le rigano le gote …

6.4   Primo Levi, 'Il canto di Ulisse', in *Se questo è un uomo* (Turin: Einaudi, 1989), 7, 100–3.

Primo Levi (1919–87) is the best known Italian Jewish survivor of the
Holocaust. Born and educated in Turin, he completed a degree in
chemistry despite the anti-Semitic legislation of the late 1930s. During the
Resistance he was a member of the Action Party and joined a partisan
band. Arrested, he confessed to being an 'Italian of the Jewish race' rather
than admit his role as a partisan which would have led to immediate
execution. Deported to Auschwitz, Levi was one of the few to survive. On
his return to Italy, he became a manager of a varnish factory and wrote in
his spare time. *Se questo è un uomo* was originally rejected for publication
by Natalia Ginzburg of the Einaudi publishing house and was only slowly
recognized for the masterpiece it is. Levi eventually was acknowledged as
one of Italy's greatest twentieth-century writers. He fell to his death – an
apparent suicide – in 1987. In this excerpt, he tries to teach a fellow inmate
a passage from Dante's *Commedia* in a desperate attempt to retain their
humanity. The opening poem, 'Shema', is the epigraph for the book.

Voi che vivete sicuri
Nelle vostre case,
Voi che trovate tornando a sera
Il cibo caldo e visi amici:
        Considerate se questo è un uomo
        Che lavora nel fango
        Che non conosce pace
        Che lotta per mezzo pane
        Che muore per un sí o un no.
        Considerate se questa è una donna,

Senza capelli e senza nome
Senza piú forza di ricordare
Vuoti gli occhi e freddo il grembo
Come una rana d'inverno.
Meditate che questo è stato:
Vi comando queste parole.
Scolpitele nel vostro cuore
Stando in casa e andando per via.
Coricandovi alzandovi;
Ripetetele ai vostri figli.
O vi si sfaccia la casa,
La malattia vi impedisca,
I vostri nati torcano il viso da voi.

[…] Il canto di Ulisse. Chissà come e perché mi è venuto in mente: ma non abbiamo tempo di scegliere, quest'ora già non è piú un'ora. Se Jean è intelligente capirà. Capirà: oggi mi sento da tanto.

Chi è Dante. Che cosa è la Commedia. Quale sensazione curiosa di novità si prova, se si cerca di spiegare in breve che cosa è la Divina Commedia. Come è distribuito l'Inferno, cosa è il contrappasso. Virgilio è la Ragione, Beatrice è la Teologia.

Jean è attentissimo, ed io comincio, lento e accurato:

Lo maggior corno della fiamma antica
Cominciò a crollarsi mormorando,
Pur come quella cui vento affatica.
Indi, la cima in qua e in là menando
Come fosse la lingua che parlasse
Mise fuori la voce, e disse: Quando …

Qui mi fermo e cerco di tradurre. Disastroso: povero Dante e povero francese! Tuttavia l'esperienza pare prometta bene: Jean ammira la bizzarra similitudine della lingua, e mi suggerisce il termine appropriato per rendere <<antica>>.

E dopo 'Quando'? Il nulla. Un buco nella memoria. 'Prima che sí Enea la nominasse'. Altro buco.Viene a galla qualche frammento non utilizzabile: '… la piéta Del vecchio padre, né 'l debito amore Che doveva Penelope far lieta …' sarà poi esatto?

... Ma misi me per l'alto mare aperto.

Di questo sí, di questo sono sicuro, sono in grado di spiegare a Pikolo, di distinguere perché 'misi me' non è 'je me mis', e molto piú forte e piú audace, è un vincolo infranto, è scagliare se stessi al di là di una barriera, noi conosciamo bene questo impulso. L'alto mare aperto: Pikolo ha viaggiato per mare e sa cosa vuol dire, è quando l'orizzonte si chiude su se stesso, libero diritto e semplice, e non c'è ormai che odore di mare: dolci cose ferocemente lontane.

Siamo arrivati a Kraftwerk, dove lavora il Kommando dei posacavi. Ci dev'essere l'ingegner Levi. Eccolo, si vede solo la testa fuori della trincea. Mi fa un cenno colla mano, è un uomo in gamba, non l'ho mai visto giú di morale, non parla mai di mangiare. 'Mare aperto'. 'Mare aperto'. So che rima con 'diserto': '... quella compagna Picciola, dalla qual non fui diserto', ma non rammento piú se viene prima o dopo. E anche il viaggio, il temerario viaggio al di là delle colonne d'Ercole, che tristezza, sono costretto a raccontarlo in prosa: un sacrilegio. Non ho salvato che un verso, ma vale la pena di fermarcisi:

... Acciò che l'uomo piú oltre non si metta.

'Si metta': dovevo venire in Lager per accorgermi che è la stessa espressione di prima, 'e misi me'. Ma non ne faccio parte a Jean, non sono sicuro che sia una osservazione importante. Quante altre cose ci sarebbero da dire, e il sole è già alto, mezzogiorno è vicino. Ho fretta, una fretta furibonda.

Ecco, attento Pikolo, apri gli orecchi e la mente, ho bisogno che tu capisca:

Considerate la vostra semenza:
Fatti non foste a viver come bruti,
Ma per seguir virtute e conoscenza.

Come se anch'io lo sentissi per la prima volta: come uno squillo di tromba, come la voce di Dio. Per un momento, ho dimenticato chi sono e dove sono.

Pikolo mi prega di ripetere. Come è buono Pikolo, si è accorto che mi sta facendo del bene. O forse è qualcosa di piú: forse, nonostante la traduzione scialba e il commento pedestre e frettoloso, ha ricevuto il messaggio, ha sentito che lo riguarda, che riguarda tutti gli uomini in travaglio, e noi in specie; e che riguarda noi due, che osiamo ragionare di queste cose con le stanghe della zuppa sulle spalle.

Li miei compagni fec'io sí acuti...

... e mi sforzo, ma invano, di spiegare quante cose vuol dire questo 'acuti'. Qui ancora una lacuna, questa volta irreparabile. '... Lo lume era di sotto della luna' o qualcosa di simile; ma prima? ... Nessuna idea, 'keine Ahnung' come si dice qui. Che Pikolo mi scusi, ho dimenticato almeno quattro terzine – Ça ne fait rien, vas-y tout de même.

... Quando mi apparve una montagna, bruna
Per la distanza, e parvemi alta tanto
Che mai veduta non ne avevo alcuna.

Sì, sì, 'alta tanto', non 'molto alta', proposizione consecutiva. E le montagne, quando si vedono di lontano ... le montagne ... oh Pikolo, Pikolo, di' qualcosa, parla, non lasciarmi pensare alle mie montagne, che comparivano nel bruno della sera quando tornavo in treno da Milano a Torino!

Basta, bisogna proseguire, queste sono cose che si pensano ma non si dicono. Pikolo attende e mi guarda.

Darei la zuppa di oggi per saper saldare 'non ne avevo alcuna' col finale. Mi sforzo di ricostruire per mezzo delle rime, chiudo gli occhi, mi mordo le dita: ma non serve, il resto è silenzio. Mi danzano per il capo altri versi: '... la terra lagrimosa diede vento ...' no, è un'altra cosa. È tardi, è tardi, siamo arrivati alla cucina, bisogna concludere:

Tre volte il fe' girar con tutte l'acque,
Alla quarta levar la poppa in suso
E la prora ire in giú, come altrui piacque...

Trattengo Pikolo, è assolutamente necessario e urgente che ascolti, che comprenda questo 'come altrui piacque', prima che sia troppo tardi, domani lui o io, possiamo essere morti, o non vederci mai piú, devo dirgli, spiegargli del Medioevo, del cosí umano e necessario e pure inaspettato, anacronismo, e altro ancora, qualcosa di gigantes-

162

co che io, stesso, ho visto ora soltanto, nell'intuizione di un attimo, forse il perché del nostro destino, del nostro essere oggi qui …

Siamo oramai nella fila per la zuppa, in mezzo alla folla sordida e sbrindellata dei porta-zuppa degli altri Kommandos. I nuovi giunti ci si accalcano alle spalle. – Kraut und Rüben? – Kraut und Rüben – . Si annunzia ufficialmente che oggi la zuppa è di cavoli e rape: – Choux et navets. – Káposzta és répak.

Infin che 'l mar fu sopra noi rinchiuso.

6.5 Teresa Noce, 'I campi della morte', in *Rivoluzionaria professionale* (Milan: La Pietra, 1974), 292–6.

Teresa Noce was a communist partisan who described herself in the first part of her autobiography as 'brutta, povera, e comunista'. While Primo Levi was sentenced to Auschwitz because he was Jewish, Noce was sent to an extermination camp because she was a communist. Here she recounts the voyage by train and the solidarity among the political prisoners.

La frontiera con la Germania. Cercammo di farci coraggio, ma ci sentivamo il cuore stretto in una morsa. Perfino l'aria qui ci sembrava diversa. Arrivammo a una stazione: forse era quella di Metz. Una squadra di donne, vestite con abiti a brandelli e contrassegnate da due grandi croci, una sul dorso e una sul petto, lavorava tra le rotaie. Alcuni SS con cani e bastoni le sorvegliavano. Appena qualcuna cercava di alzare il capo per sbirciare verso il treno, le pioveva addosso una scarica di bastonate. Eravamo proprio in Germania: osservammo sgomente e ci chiedemmo: 'Sarà così anche per noi?'. Una noi disse: 'Non è possibile. Noi siamo delle politiche. Non ci possono mettere quelle croci sul petto e sul dorso'.

Sembrava quasi che quello fosse il problema più grave. Si vede che nonostante tutto rimanevamo ancora donne. Il treno ripartì: ancora chilometri e chilometri. Poi si arrestò: adesso eravamo proprio arrivate.

Le portiere si aprirono e fummo spinte brutalmente giù dai vagoni. *'Raus, schnell, schnell!'* Questi ordini li sentimmo ripetere spesso in seguito. Quelle di noi che non si affrettavano, venivano mandate avanti a bastonate. Ci attendevano alcuni camion: eravamo a Saarbrücken e dirette verso uno dei peggiori campi di deportazione, come avremmo saputo in seguito. Attendemmo alcune ore in piedi, sotto il sole cocente. Al di là di una rete di filo spinato scorgevamo alcune larve umane correre intorno a quello che ci sembrava un pozzo, incalzate dai cani e dai bastoni delle SS. Guai a chi si fermava o rallentava la corsa.

Sui nostri volti era dipinto l'orrore. Quelli che vedevamo erano prigionieri sovietici. Comprendemmo poi che ogni attività svolta al campo aveva lo scopo di eliminare fisicamente i prigionieri. Infatti in questo campo non vi erano né camere a gas né forni crematori e i deportati venivano eliminati con altri mezzi. Dopo ore di attesa, in cui dovemmo subire lo spettacolo atroce dei prigionieri russi che correvano senza sosta, finalmente ci fecero muovere verso una baracca. Venimmo accolte con gioia da altre francesi; erano alcune delle compagne che avevamo lasciate a Romainville, e che erano arrivate in Germania prima di noi. Dopo aver loro descritto le peripezie del nostro viaggio, chiedemmo notizie delle altre rimaste a Romainville. Ci fu dapprima un silenzio tragico. Poi le compagne ci raccontarono.

Al Forte erano rimaste le detenute più anziane, le ammalate, le donne incinte, le mamme con i lattanti. Quando i camion che tras- portavano le deportate stavano per giungere in fondo alla collina, si erano sentite le raffiche delle mitragliatrici. Seppero poi, dai ferrovieri, che il fossato che circondava il Forte era stato colmato dai cadaveri delle nostre compagne. Come prevedevamo, i tedes- chi non avevano voluto lasciarsi alle spalle nessun testimone.

Stavolta non riuscimmo a trattenere le lacrime. Piangemmo le nostre compagne, le mamme e i bambini che non avrebbero visto il giorno della Liberazione. Poi, strette sui giacigli dove le nostre compagne ci avevano fatto posto, intonammo a bassa voce il canto per i caduti della Rivoluzione: 'Voi che siete caduti nella lotta fatale, voi, i sacrificati alla causa del popolo'.

Le nostre compagne ci spiegarono che la sola speranza di uscire vive da Saarbrücken, era quella di partire presto con un convoglio, per una destinazione qualsiasi. Nessun luogo avrebbe potuto certamente essere peggiore di questo. Se proprio dovevamo morire, era lo stesso finire nelle camere a gas, o sotto il bastone, o di fame e di sete come i prigionieri sovietici. Attendemmo ore, giorni che ci parvero interminabili, ma che avrebbero potuto essere gli ultimi per noi. Di tanto in tanto mi guardavo le mani. Mi era venuta in mente la predizione della libanese al campo di Rieucros secondo la quale avrei dovuto vivere fino a cento e più anni. Sapevo che era una sciocchezza, eppure il pensiero di quella predizione mi dava un po' di conforto. In quel momento capii perché molta gente è superstiziosa.

Ci facevano partire di nuovo. *Raus, schnell,* spintoni, bastonate piovevano su di noi. In fila per cinque, cariche dei nostri poveri averi, ci avviammo ancora una volta alla stazione. Invece dei vagoni francesi di seconda classe, ci attendevano ora i carri merci. Ci fu ordinato di salire, e quelle di noi che non riuscivano subito a mettere il piede sugli alti e stretti gradini di legno, venivano gettate su brutalmente, subito afferrate dalle compagne perché non si facessero troppo male. Nel mio vagone eravamo forse una sessantina, ammucchiate una sull'altra senza che quasi potessimo respirare. Tra noi c'era un gruppo di donne incatenate che non conoscevamo. Ma appena le porte del vagone vennero sprangate e prima che salisse il reparto femminile delle SS che ci accompagnava, stavolta riuscimmo a sapere chi erano. Si trattava delle inglesi del nostro treno, giovani paracadutiste. Erano ragazze allegre e ci dissero: 'Appena potremo rimanere sole per un po', ci sfileremo le catene: abbiamo imparato come si fa'.

Non erano vere e proprie inglesi: erano quasi tutte figlie di genitori francesi o sposate, qualcuna vedova, con francesi. Ci raccontarono di quanto avevano fatto, di de Gaulle, degli alleati, dei lanci di materiale. Anche loro erano state lanciate, per fornire e ottenere informazioni. Il loro lavoro non era certo più pericoloso né più utile del nostro, quantunque facesse tanta paura ai tedeschi che continuavano a tenerle incatenate.

Trascorremmo in viaggio molti giorni. Dove ci portavano? Dachau, Ravensbrück, Auschwitz? Diventammo sempre più sporche, affamate, divorate dalle pulci che ci eravamo portate da Saarbrücken, coperte di graffi sanguinanti a furia di grattarci. Malgrado tutto, cercavamo di farci coraggio, e cantavamo spesso; in francese, in italiano, in spagnolo, in inglese, in russo. Chi sapeva una canzone, d'amore o di lotta, la insegnava alle altre, nelle lingue che conosceva. A me rincresceva solo di non poter dire che ero italiana, di non poter insegnare alle mie compagne canzoni più numerose nella mia lingua. La prudenza mi tratteneva sempre; soprattutto da quando gli italiani erano diventati apertamente nemici dei tedeschi, per me era opportuno continuare a fingere di essere francese.

Il treno non correva sempre: qualche volta si arrestava per lunghe ore, senza che ne sapessimo il perché. Cercavamo di sbirciare fuori per farci un'idea di dove ci trovassimo, ma inutilmente. Alcune dicevano che avevamo oltrepassato Berlino, perché avevano visto le case distrutte dai bombardamenti alleati; altre, che le città che ci eravamo lasciate alle spalle erano Dresda o Francoforte o Norimberga. In realtà non sapevamo nulla. Ma finalmente il treno sembrò fermarsi definitivamente. *Raus, raus, schnell, schnell.* Tutte giù dai vagoni, ci ordinarono. Cercammo di scoprire chi erano le altre che scendevano dagli altri carri, ma alcune bastonate ci fecero ricomporre le fila.

Ci mettemmo in marcia, sempre cariche dei nostri pochi averi. Ci eravamo organizzate sistemando le donne più anziane o più deboli nel mezzo, per aiutarle quando rallentavano e proteggerle, per quanto fosse possibile, dalle bastonature degli SS. Marciammo per chilometri senza sapere dove eravamo dirette. Finalmente, a una svolta della strada vedemmo pararsi davanti a noi un grande portale con sopra una scritta in tedesco, che alcune di noi tradussero a voce alta: 'Il lavoro rende liberi'. E sotto, una parola che suonava come una campana a morto:

Ravensbrück.

Si sapeva cosa fosse Ravensbrück e cosa significasse quella scritta. Sì, far lavorare le deportate significava per i tedeschi liberarle dalla vita, perché le facevano lavorare fino alla morte. Chi non poteva lavorare veniva eliminato subito e chi era in grado di farlo, sarebbe invece stato sfruttato fino all'estremo limite della resistenza prima di essere avviato, alla camera a gas.

… E cominciò anche per noi la vera vita di Ravensbrück.

7 War: Spain, Europe, civil

7.1 Carlo Rosselli, 'Oggi in Spagna, domani in Italia', in *Oggi in Spagna, domani in Italia* (Turin: Einaudi, 1967), 70–5.

Carlo Rosselli (1899–1937) was born into a wealthy Jewish family with strong ties to the Risorgimento. Abandoning a promising career as a professor of political economy, he joined the antifascist cause and was instrumental in publishing the first underground antifascist newspaper. Arrested for his activities, he was sentenced to *confino* on the island of Lipari, off the coast of Sicily. After a daring escape, he made his way to Paris where, in 1929, he founded Giustizia e Libertà, the largest and most influential non-Marxist leftist movement. From Paris, Rosselli wrote essays, organized the movement, and even plotted Mussolini's assassination. When the Spanish Civil War broke out in 1936, Rosselli was one of the first to arrive in Barcelona in defence of the Spanish Republic. Leading a volunteer column, he was slightly wounded in battle. This speech, given over Radio Barcelona on 13 November 1936, may have sealed his fate. An anonymous police spy wrote to Rome that Rosselli was 'the most dangerous of the antifascists in exile' and that it was necessary that he be 'suppressed'. While recuperating from phlebitis in the French countryside, Rosselli was assassinated, together with his brother, the noted historian Nello, on 9 June 1937.

Compagni, fratelli, italiani, ascoltate.

Un volontario italiano vi parla dalla Radio Barcellona per portarvi il saluto delle migliaia di antifascisti italiani esuli che si battono nelle file dell'armata rivoluzionaria.

Una colonna italiana combatte da tre mesi sul fronte di Aragona. Undici morti, venti feriti, la stima dei compagni spagnoli: ecco la testimonianza del suo sacrificio.

Una seconda colonna italiana, formatasi in questi giorni, difende eroicamente Madrid. In tutti i reparti si trovano volontari italiani, uomini che avendo perduto la libertà nella propria terra, cominciano col riconquistarla in Ispagna, fucile alla mano.

Giornalmente arrivano volontari italiani: dalla Francia, dal Belgio, dalla Svizzera, dalle lontane Americhe. Dovunque sono comunità italiane, si formano comitati per la Spagna proletaria. Anche dall'Italia oppressa partono i volontari. Nelle nostre file contiamo a diecine i compagni che, a prezzo di mille pericoli, hanno varcato clandestinamente la frontiera. Accanto ai veterani dell'antifascismo lottano i giovanissimi che hanno abbandonato l'università, la fabbrica e perfino la caserma. Hanno disertato la guerra borghese per partecipare alla guerra rivoluzionaria.

Ascoltate italiani. È un volontario italiano che vi parla dalla radio di Barcellona. Un secolo fa l'Italia schiava taceva e fremeva sotto il tallone dell'Austria, del Borbone, dei Savoia, dei preti. Ogni sforzo di liberazione veniva spietatamente represso. Coloro che non erano in prigione, venivano costretti all'esilio. Ma in esilio non rinunciarono alla lotta. Santarosa in Grecia, Garibaldi in America, Mazzini in Inghilterra, Pisacane in Francia, insieme a tanti altri, non potendo piú lottare nel paese, lottarono per la libertà degli altri popoli, dimostrando al mondo che gli italiani erano degni di vivere liberi. Da quei sacrifici, da quegli esempi uscí consacrata la causa italiana. Gli italiani riacquistarono fiducia nelle loro forze.

Oggi una nuova tirannia, assai piú feroce ed umiliante dell' antica, ci opprime. Non è piú lo straniero che domina. Siamo noi che ci siamo lasciati mettere il piede sul collo da una minoranza faziosa, che utilizzando le forze del privilegio tiene in ceppi la classe lavoratrice ed il pensiero italiani.

Ogni sforzo sembra vano contro la massicia armata dittatoriale. Ma noi non perdiamo la fede. Sappiamo che le dittature passano e che i popoli restano. La Spagna ce ne fornisce la palpitante riprova. Nessuno parla più di De Rivera. Nessuno parlerà più domani di Mussolini. E come nel Risorgimento, nell'epoca più buia, quando quasi nessuno osava sperare, dall'estero vennero l'esempio e l'incitamento, cosí oggi noi siamo convinti che da questo sforzo modesto dei volontari italiani, troverà alimento domani una potente volontà di riscatto.

È con questa speranza segreta che siamo accorsi in Spagna: oggi qui, domani in Italia.

Fratelli, compagni italiani, ascoltate. È un volontario italiano che vi parla dalla radio di Barcellona.

Non prestate fede alle notizie bugiarde della stampa fascista, che dipinge i rivoluzionari spagnoli come orde di pazzi sanguinari alla vigilia della sconfitta. La rivoluzione in Spagna è trionfante. Penetra ogni giorno di piú nel profondo della vita del popolo rinnovando istituti, raddrizzando secolari ingiustizie. Madrid non è caduta e non cadrà. Quando pareva già in procinto di soccombere, una meravigliosa riscossa di popolo arginava la invasione ed iniziava la controffensiva. Il moto della milizia rivoluzionaria che fino ad ora era 'No pasarán,' è diventato 'Pasaremos', cioè non i fascisti, ma noi, i rivoluzionari, passeremo.

La Catalonia, Valencia, tutto il litorale mediterraneo, Bilbao e cento altre città, la zona piú ricca, piú evoluta e industriosa di Spagna sta solidamente in mano alle forze rivoluzionarie.

Un ordine nuovo è nato, basato sulla libertà e la giustizia sociale. Nelle officine non comanda piú il padrone, ma la collettività, attraverso consigli di fabbrica e sindacati. Sui campi non trovate piú il salariato costretto ad un estenuante lavoro nell'interesse altrui. Il contadino è padrone della terra che lavora, sotto il controllo dei municipi. Negli uffici, gli impiegati, i tecnici non obbediscono piú a una gerarchia di figli di papà, ma ad una nuova gerarchia fondata sulla capacità e la libera scelta. Obbediscono, o meglio collaborano, perché nella Spagna rivoluzionaria, e soprattutto nella Catalonia libertaria, le piú audaci conquiste sociali si fanno rispettando la personalità dell'uomo e l'autonomia dei gruppi umani. Comunismo, sí, ma libertario. Socializzazione delle grandi industrie e del grande commercio, ma non statolatria: la socializzazione dei mezzi di produzione e di scambio. È concepita come mezzo per liberare l'uomo da tutte le schiavitú.

L'esperienza in corso in Ispagna è di straordinario interesse per tutti. Qui, non dittatura, non economia da caserma, non rinnegamento dei valori dell'Occidente, ma conciliazione delle piú ardite riforme sociali con la libertà. Non un solo partito che, pretendendosi infallibile, sequestra la rivoluzione su un programma concreto e realista: anarchici, comunisti, socialisti, repubblicani collaborano alla direzione della cosa pubblica, al fronte, nella vita sociale. Quale insegnamento per noi italiani!

Fratelli, compagni italiani, ascoltate. Un volontario italiano vi parla dalla radio di Barcellona per recarvi il saluto dei volontari italiani. Sull'altra sponda del Mediterraneo un mondo nuovo sta nascendo. È la riscossa antifascista che si inizia in Occidente. Dalla Spagna guadagnerà l'Europa. Arriverà innanzitutto in Italia, cosí vicina alla Spagna per la lingua, tradizioni, clima, costumi e tiranni. Arriverà perché la storia non si ferma, il progresso continua, le dittature sono delle parentesi nella vita dei popoli, quasi una sferza per imporre loro, dopo un periodo d'inerzia e di abbandono, di riprendere in mano il loro destino.

Fratelli italiani che vivete nella prigione fascista, io vorrei che voi poteste, per un attimo almeno, tuffarvi nell'atmosfera inebriante in cui vive da mesi, nonostante tutte le difficoltà, questo popolo meraviglioso. Vorrei che poteste andare nelle officine per vedere con quale entusiasmo si produce per i compagni combattenti; vorrei che poteste percorrere le campagne e leggere sul viso dei contadini la fierezza di questa dignità nuova e soprattutto percorrere il fronte e parlare con i militi volontari. Il fascismo, non potendosi fidare dei soldati che passano in blocco alle nostre file, deve ricorrere ai mercenari di tutti i colori. Invece, le caserme proletarie brulicano di una folla di giovani reclamanti le armi. Vale piú un mese di questa vita, spesa per degli ideali umani, che dieci anni di vegetazione o di falsi miraggi imperiali nell'Italia mussoliniana.

E neppure credete alla stampa fascista quando dipinge la Catalonia, in maggioranza sindacalista anarchica, in preda al terrore e al disordine. L'anarchismo catalano è un socialismo costruttivo, sensibile ai problemi di libertà e di cultura. Ogni giorno esso fornisce prove delle sue qualità realistiche. Le riforme vengono compiute con metodo, senza seguire schemi preconcetti e tenendo sempre in conto l'esperienza. La migliore prova ci è data da Barcellona, dove, nonostante le difficoltà della guerra, la vita continua a svolgersi regolarmente e i servizi pubblici funzionano come e meglio di prima.

Italiani che ascoltate la radio di Barcellona, attenzione. I volontari italiani combattenti in Ispagna, nell'interesse, per l'ideale di un popolo intero che lotta per la sua libertà, vi chiedono di impedire che il fascismo prosegua nella sua opera criminale a favore di Franco e dei generali faziosi. Tutti i giorni aeroplani forniti dal fascismo italiano e guidati da aviatori mercenari che disonorano il nostro paese, lanciano bombe contro città inermi, straziando donne e bambini. Tutti i giorni, proiettili italiani, costruiti con mani italiane, trasportati da navi italiane, lanciati da cannoni italiani, cadono nelle trincee dei lavoratori. Franco avrebbe già da tempo fallito, se non fosse stato per il possente aiuto fascista. Quale vergogna per gli italiani sapere che il proprio governo, il governo di un popolo che fu un tempo all'avanguardia delle lotte per la libertà, tenta di assassinare la libertà del popolo spagnolo! Che l'Italia proletaria si risvegli. Che la vergogna cessi. Dalle fabbriche, dai porti italiani non debbono piú partire le armi omicide. Dove non sia possibile il boicottaggio aperto, si ricorra al sabotaggio segreto. Il popolo italiano non deve diventare il poliziotto d'Europa.

Fratelli, compagni italiani, un volontario italiano vi parla dalla radio di Barcellona, in nome di migliaia di combattenti italiani.

Qui si combatte, si muore, ma anche si vince per la libertà e l'emancipazione di tutti i popoli. Aiutate, italiani, la rivoluzione spagnola. Impedite al fascismo di appoggiare i generali faziosi e fascisti. Raccogliete denari, e se, per persecuzioni ripetute o per difficoltà insormontabili, non potete nel vostro centro combattere efficacemente la dittatura, accorrete a rinforzare le colonne dei volontari italiani in Ispagna.

Quanto piú presto vincerà la Spagna proletaria, tanto piú presto sorgerà per il popolo italiano il tempo della riscossa.

Siamo grandi, sì, ma nell'officina comanda dispotico il padrone. Siamo grandi, sì, ma se qualcuno osa dire quel che ha sul cuore, pronto lo afferra il Tribunale Speciale. Siamo grandi, sì, ma negli impieghi, nelle professioni, negli studi, c'è camorra, l'arrembaggio dei gerarchi, sottogerarchi, parenti dei gerarchi, mentre i più alti spiriti del nostro paese sono costretti al più avvilente silenzio. Siamo insomma grandi, imperiali, fortissimi … ma non godiamo del diritto semplice, elementare di vivere come uomini, umanamente, al servizio di quei due principi ideali per cui solo vale la pena di vivere, solo le società progrediscono: la giustizia, la libertà. A voi soprattutto mi rivolgo. Italiani liberi, coraggio! Sull'altra sponda del Mediterraneo un mondo nuovo nasce. Arriva la rivoluzione, trionfa, contro il fascio, l'antifascio ... Per secoli i nostri fratelli spagnoli furono schiavi, come in Italia e più che in Italia ... Conoscete la storia ... Ma il popolo questa volta è pronto. Il popolo, non il governo ...

Sognano ormai coloro che credono che la rivoluzione possa soccombere. La rivoluzione vince ... Fenomeno naturale e fatale. Gli uomini che si sono dissetati alle fonti eterne della libertà – di una libertà positiva, non solo politica, ma economica e sociale – quegli uomini non si rassegnano più a tornare in servitù. Piuttosto che cedere, soccomberanno tutti.

7.2   Carla Capponi, 'Parlerò a nome di tutte le donne', in *Le donne della Resistenza* at <www.romacivica.net/novitch/Fosse Ardeatine/carla.html>

A student of law, Carla Capponi was a member of GAP and participated in the defence of Rome. She was present for many of the more audacious partisan actions against the Nazis in Rome, including the via Rasella attack on 23 March 1944. Capponi was later awarded the Gold Medal for Military Valour. Here she speaks of the crucial role of women in the armed Resistance.

Parlerò a nome e per conto di tutte le donne che a Roma nella provincia si schierarono nel 1943 dalla parte della pace contro la guerra, della libertà contro la dittatura, della vita contro la morte e suoi macabri riti. Tante donne: operaie, contadine, studentesse, impiegate, aristrocratiche, casalinghe, suore. Tutte volontaria- mente, spontaneamente, senza un ordine, senza un appello se non quello del loro cuore, scesero in campo trasformando la città, le campagne della provincia, assediate saccheggiate bombardate, in tanti rifugi segreti ove trovarono salvezza 'i poveri figli di mamma'; i soldati di quell'esercito che Mussolini aveva portato alla guerra e alla disfatta. C'è chi ha ironizzato sul numero dei partigiani riconosciuti 'troppi'. È stato scritto 'avete gonfiato il numero dei partecipanti'. Contro questa accusa e la presunzione di reinterpretare i fatti la storia di quei 212 giorni di occupazione nazi-fascista di Roma voglio portare un contributo di approfondimento di conoscenza, su chi, pur non combattendo con le armi ha lottato rischiando forse più di me con meno gloria. Troppe donne non sono state neppure riconosciute patriote e dei loro nomi, del loro coraggio si è persa memoria.

Dovendomi limitare all'analisi dagli ultimi mesi quando si preparava la liberazione di Roma da parte degli alleati dovrei tacere del grande contributo di partecipazione civile dato dalle donne l'8 di settembre nei due giorni di combattimenti che seguirono per la difesa di Roma da parte dei militari. Consentitemi tuttavia di ricordare, perché è essenziale ai fini della comprensione del coinvolgimento delle masse femminili nelle operazoni di guerriglia che si svilupparono nei nove mesi successivi, come iniziò il loro impegno, la loro scelta di lotta. Nella battaglia combattuta dai militari, dalla Magliana alla Montagnola, a Porta San Paolo 414 militari caddero nei combattimenti, ma ci furono anche a combattere con loro e a morire 156 civili morti e 27 donne che perirono portando soccorso ai feriti, aiuto ai combattenti, tra di essi una decorata di MAVM. 122 furono le donne arrestate portate a Via Tasso e a Regina Coeli, di loro molte furono deportate in Germania. Dieci furono assassinate per le strade di Roma nelle dimostrazioni contro i rastrellamenti e negli assalti ai forni. Una fu uccisa a Viale G. Cesare sotto la Caserma dell'81° fanteria, mentre con altre centinaia di donne reclamava la liberazione dei duemila rastrellati costretti nella caserma, il suo nome è Teresa Gullace MOVC; l'altra in quello stesso giorno 3 marzo 1944, fu uccisa sui gradini della chiesa di Piazza dei Quiriti. Otto donne furono fucilate davanti al mulino del Forno Tesei a ponte di ferro, sul luogo fu messa una lapide con i nomi, che attualmente è scomparsa. Una nel cuore della Roma umbertina la signora Calò Carducci nei tentativi di impedire ai tedeschi che avevano fatto irruzione nella sua casa, di arrestare suo figlio con un gruppo di militari da lei nascosti, una uccisa al Tiburtino Terzo, Maria Martinelli.

Grande la massa dei militari sbandati bloccati a Roma nell' impossibilità di rifugiarsi a sud oltre la linea Gustav per sfuggire alle fucilazioni o alla deportazione. Alto il numero dei prigionieri di guerra inglesi, americani, francesi fuggiti dai campi di prigionia, bisognosi di essere nascosti, sfamati, vestiti. Alto il numero dei funzionari, impiegati, lavoratori che piuttosto che aderire al Governo della Repubblica fascista, si diedero alla macchia passando nelle file della Resistenza. Una massa di uomini, tutti con la pena capitale già emanata per bando dai nazisti e dai fascisti, che trovarono, fin dall'8 settembre aiuto e salvezza nel coraggio e nella determinazione delle donne romane. Roma aveva già subito bombardamenti, devastazioni a San Lorenzo, al Tiburtino ecc. la popolazione era stremata da tre anni di razionamenti; scarsi erano i rifornimenti per la distruzione delle vie di comunicazione e per aver accolto oltre centocinquantamila profughi fuggiti dalle città distrutte del Garigliano, da Cassino a Latina da Frascati a tutta la costa laziale. Si disse dei romani che una metà di essi ospitava l'altra metà.

Al primo momento di spontanea solidarietà e partecipazione seguì il momento dell'organizzazione e fu per l'esperienza e l'opera dei componenti i partiti politici antifascisti, per la riorganizzazione dei militari nella clandestinità, con a capo il Colonnello Montezemolo, che si riuscì a creare una rete di collegamenti così efficiente da tener testa alla perfetta macchina poliziesca, repressiva, micidiale dei nazisti. Le donne che provenivano dalle file dei partiti politici antifascisti, molte delle quali uscite da pochi giorni dalle carceri, tornate dai confini delle isole, decisero di formare un comitato di coordinamento per le attività di assistenza e di appoggio alle forze combattenti civili e militari. Il comitato era composto da donne di varie esperienze politiche.

Alcuni nomi che ricordo: Clara Cannarsa, Adele Bei, Egle Gualdi, la Fancello Maria Maggi, Ebe Riccio, la Ripa di Meana, la principessa Doria, Marcella Lapicirella, Laura Lombardo Radice, Laura Garrone, Titina Maselli, Marisa Cinciari, le sorelle Bruni, la contessa Stelluti Scala, ed altre.

174

Il Comitato di coordinamento nato a Roma possiamo dire che fu il primo abbozzo di quello che al nord prese il nome di 'Gruppi di difesa della donna' che organizzò più di settantamila donne, la gran parte delle quali, mai riconosciute né patriote, né partigiane. Nacquero i comitati di zona negli otto quartieri in cui era stata ridivisa Roma dalle forze della Resistenza che si collegavano al centro per mezzo delle giovani staffette. Molti e pesanti, sempre rischiosi, furono i compiti svolti nei nove mesi. Diffusione dei volantini con gli appelli alla popolazione romana o alle donne stesse. La diffusione dei giornali (io stessa ho avuto in casa fino alla fine del mese di dicembre, il centro dello smistamento della stampa clandestina per la quarta zona di Roma, dei giornali del partito comunista *L'Unità*, del partito d'azione *Risorgimento liberale*, dei cattolici comunisti *Voce operaia*). Purtroppo a novembre fu individuata la tipografia di Via Basento dove furono arrestati: Leone Ginzburg, Gastone e Manlio Rossi Doria, l'architetto Mario Fiorentino e tutti i tipografi.

Erano quasi sempre le donne che andavano e venivano con i pacchi della stampa. I giornali dell'epoca avevano un solo foglio di piccole dimensioni, così da poterlo piegare e mettere in tasca o da poterlo infilare nelle buche delle lettere e sotto le saracinesche dei negozi. Alcune di queste postine sono divenute celebri: Titina Maselli, la Scialoia, Franca Angelini, Giovanna Ribet, Laura Garroni (divenuta poi artificiere dei GAP con il nome di Caterina), Marisa Cinciari, Anna Carrani della manifattura tabacchi, Nanda Coari, Maddalena Accorinti, Marina Ghireli, passata poi ai GAP, la Usiello moglie di un barbiere di Via del Boschetto che aveva la responsabilità della diffusione della stampa tra le botteghe della zona Monti; la Perna, la Bruscani, Giuliana e Marcella De Francesco.

Sono le donne che trasportano le armi nella borsa della spesa attraverso la città, che prelevano i chiodi a tre punte dalle officine dell' ATAG di Prenestino, dalle officine del gas di San Paolo, ove vengono prodotti anche gli spezzoni che saranno usati per confezionare le bombe dagli artificieri, Giorgio Labò, Gianfranco Mattei, Giulio Cortini, Laura Garrone, che saranno usate negli attacchi ai nazisti di Piazza Barberini, del Banhof offiziers, della Stazione Termini, di Via Rasella, di Via Claudia, di Via Due Macelli e per decine di altre azioni.

Sono le donne che si organizzano per assalire i forni ove si panifica il pane bianco per fascisti e nazisti. Gli assalti avvengono nei quartieri di Trionfale, Borgo Pio, via Leone Quarto davanti alla sede della delegazione, per protestare contro la sospensione della distribuzione di patate e farina di latte. A guidarle in questi quartieri sono le sorelle De Angelis, Maddalena Accorinti ed altre.

Sempre in via Leone Quarto viene assalito il forno De Acutis, ma qui c'è il consenso dello stesso proprietario che distribuito il pane e la farina di latte si dà alla clandestinità. Altri assalti avvengono in via Vespasiano, in via Ottaviano, in via Candia, al Tiburtino terzo durante lo sciopero generale indetto per il 3 maggio, ove viene uccisa dalla PAI Maria Martinelli, madre di quattro bambini.

Sono le donne che accompagnano i prigionieri fuggitivi fuori città per collegarli ai nuclei partigiani dei Castelli Romani, a volte esse sono giovanissime come Gloria Chilanti (quattordici anni), che accompagnò un marinaio russo attraverso Roma, per metterlo in collegamento con i partigiani di Monterotondo.

Ognuno fa quanto è necessario con prudenza, con intelligenza, con astuzia, col cuore. A causa della mancata risposta dei Romani all'appello nazista per il lavoro obbligatorio, iniziarono i rastrellamenti per le vie ed i quartieri di Roma, il più massiccio fu quello condotto nel quartiere Quadraro durante la notte. Duemila uomini furono rastrellati strappandoli letteralmente dal letto nelle proprie case durante la notte, settecento di essi furono deportati in Germania. Iniziano gli imponenti arresti nelle fila della Resistenza tra cui molte donne: Elettra Pollastrini, Lina Trozzi, Vera Michelion, arrestate sono condannate e deportate nel carcere duro in Austria. Carla Angelini, Bianca Bucciarelli, la signora Fontana e la signora Rodriguez mogli di ufficiali dei Carabinieri, subiscono confronti crudeli, interrogatori durissimi, così Maria Teresa Regard, Iole Mancini, la Di Pillo e tante tante altre (122).

Nessuna di esse ebbe un cedimento; furono con il loro silenzio, le più dure e temibili avversarie della macchina di morte nazifascista. Un esercito solidale silenzioso senza divisa, senza gradi, senza il 'soldo'; un esercito di volontarie della libertà che restituirono senso e valore al ruolo della donna nella società italiana, degradato ed offeso dalla teoria fascista di donne solo come delle fattrici di figli per la patria. Si organizzano gli scioperi nelle fabbriche romane ove lavorano le donne, alla manifattura tabacchi è Anna Carrani che organizza le operaie, mi collego con lei, inviata da Adele Bei, per fissare le modalità, i tempi e le richieste sindacali. La riunione avviene in una piccola osteria vicino Piazza Mastai, a via della Luce, nell'intervallo del pranzo, si stabilisce di dare inizio allo sciopero con una sola ora di sospensione dal lavoro, senza uscire dalla manifattura. Le richieste erano: aumento della razione del pane, indennità di bombardamento, aumento del salario. Lo sciopero si organizza per il primo di aprile così alla Stacchini di via Baccina ove le operaie formano una delegazione che avanza le stesse richieste. Sono avvertite le autorità fasciste e la prefettura, che intervengono promettendo i miglioramenti.

Il secondo sciopero è il 3 maggio: ottocento operaie restano fuori della manifattura per più di un'ora per unire la loro protesta allo sciopero generale indetto per quel giorno, dal comitato quadripartito. Lo sciopero generale del 3 maggio riuscì solo parzialmente; i successi si ebbero alla tipografia de *Il Messaggero*, ove tutti gli operai si astennero dal lavoro. Il giornale uscì con molto ritardo stampato alla meglio da tipografi raccattati in altri giornali. Il direttore Spampanato si vendicò compilando l'elenco degli assenti che consegnò ai tedeschi; 19 operai furono arrestati. Importanti azioni sono compiute dai GAP di zona dal 20 al 30 maggio. I componenti dei GAP centrali, i superstiti dei massicci arresti avvenuti per la delazione di Guglielmo Blasi andarono nella provincia sud di Roma nelle zone prossime al fronte. Gli alleati hanno promesso un 'campo di lancio' con armi che sarà preannunciato da Radio Londra con la parola 'la neve è caduta'. Giungemmo a San Lorenzo in tempo per vedere gli ultimi camion nazisti partire, apprendemmo da Gerratana che il C.N.L. romano aveva rinunciato all'insurrezione. Sapemmo poi che già dal 2 giugno era giunta disposizione in tal senso, concordata tra il governo di Salerno, gli alleati e il Vaticano.

Un ordine preciso ci giunse da Napoli da Togliatti: collaborare con gli alleati, non intralciare il loro passaggio con inutili combattimenti contro i tedeschi. Bentivegna restò a San Lorenzo con un gruppo di partigiani di quella zona, io mi unii a un gruppo di partigiani della IV zona (centro storico), Lallo Bruscani, Nanda Coari e gli operai della tipografia e occupammo il giornale *Il lavoro fascista*, in via Quattro Novembre. Ci raggiunsero Giacomo Pellegrini, Scoccimarro, Alicata, Emanuele Rocco appena uscito dal carcere di Regina Coeli e nei giorni seguenti Pintor con il volto tumefatto dalle torture subite dalla banda Koch ed altri, tirammo la prima copia de *L'Unità* libera e stampammo i primi striscioni di saluto agli Alleati, li attaccammo al vetro delle bacheche che erano all'esterno tutto intorno al fabbricato. Me ne tornavo con il fucile in spalla, il pennello e la colla in mano quando sul portone vedo arrivare le tre sorelle Mafai, Miriam, Simona e la piccola Giuliana. Ci abbracciammo ridendo singhiozzando, senza lacrime che tutta la pena di quei mesi ci strozzava la gola. Era il 4 giugno 1944.

7.3 Ignazio Silone, 'Che fare?', in *Fontamara* (Milan: Mondadori, 1989), 245–50.

Fontamara was written by Silone (1900–78) in Davos, Switzerland after the author was told by a medical doctor in Rome that because of an incurable lung ailment, he did not have long to live. It is the story of a poor peasant community ravaged by poverty, the petite bourgeoisie, Roman bureaucracy and fascist violence. The protagonist is not a single character, but an entire social class. Silone refers to them as the *cafoni* – a term of contempt but which in his usage acquires its own dignity in the course of the narrative. This was Silone's aim: until the word and the people achieved some semblance of humanity and dignity in the eyes of others, the problem of *miseria* (misery or poverty) could not be solved. *Fontamara* recounts how the largely illiterate peasants are swindled out of their only source of water and terrorized by the fascist *squadristi*. When a Mystery Man (il Solito Sconosciuto) appears among them urging them to organize and rebel, hope is generated. That hope is crushed by a brutal fascist reprisal that leaves most of the village dead. Here, several of the peasants are present at the founding of the first *cafoni* newspaper. The refrain, 'What is to be done?' is a conscious echo of a famous essay of Lenin's. The story is recounted by those who had escaped the massacre to another Fontamarese (Silone) in exile.

Mio figlio arrivò proprio nel momento in cui eravamo riuniti in una diecina di persone attorno a una scatola e altro materiale che il Solito Sconosciuto ci aveva portato per fare il giornale dei cafoni, anzi, il primo giornale dei cafoni. Sulla scatola c'era scritto: Poligrafo.

Noi avevamo innocentemente piazzato la scatola sul tavolino di Marietta, in mezzo alla via, e attorno a essa discutevamo sul giornale da fare, una diecina di persone come già detto. Era una stranezza e non ci rendevamo conto.

C'era Maria Grazia, che aveva la calligrafia più chiara e avrebbe dovuto scrivere il foglio. C'era Baldissera che conosceva la grammatica e gli apostrofi. C'era Scarpone, al quale il Solito Sconosciuto aveva spiegato il funzionamento della scatola.

La prima discussione l'avemmo sul titolo da dare al giornale.

Baldissera voleva un titolo di quelli come si usano in città: *Il Messaggero, La Tribuna,* o qualcosa di simile. Ma Scarpone, che aveva ereditato le maniere di Berardo, gl'impose di tacere.

'Il nostro non è un giornale imitazione. Prima di questo non è uscito nessun altro giornale', decise Scarpone.

Michele propose un buon titolo: *La Verità,* che voleva dir molto.

Ma Scarpone arricciò il naso:

'La verità?' disse. 'Chi conosce la verità?'

'Non la conosciamo, ma vogliamo conoscerla,' rispose Michele.

'E quando l'avrai conosciuta', gli rispose Scarpone, 'con la verità ci farai il brodo?'

Era questo il suo modo di ragionare.

Losurdo ebbe anche una buona idea: *La Giustizia.*

'Ma tu sei pazzo', gli osservò Scarpone, 'se la giustizia è sempre stata contro di noi!'

Da noi la 'giustizia' ha sempre significato i carabinieri. Avere a che fare con la giustizia, ha sempre significato avere a che fare con i carabinieri. Cadere in mano alla giustizia, ha sempre significato cadere in mano ai carabinieri. Dunque non era il caso.

'Ma io intendo la vera giustizia', rispose inviperito Losurdo. 'La giustizia uguale per tutti.'

'Quella la troverai in paradiso,' decise Scarpone.

Cosa gli si poteva rispondere?

Marietta propose come titolo del giornale:

La Tromba dei Cafoni.

Ma nessuno discusse la sua proposta.

'Che fare?' disse Scarpone.

' Dobbiamo fare il titolo', gli rispose Marietta. 'Fa anche tu una proposta.'

'La mia proposta l'ho fatta: *Che fare?*'

Ci guardammo in faccia sorpresi.

'Ma non è un titolo', si azzardò a osservare Baldissera. 'Non è un titolo. Noi abbiamo bisogno d'un titolo da scrivere in testa al giornale, capisci? Con la bella calligrafia, capisci?'

'Ebbene, scrivici in testa al giornale, con bella calligrafia: *Che fare?*' rispose Scarpone. 'E così sarà un titolo.'

'Ma è un titolo che farà ridere', obiettò ancora Baldissera. 'Se una copia del nostro giornale arriverà a Roma, chiunque lo vedrà si metterà a ridere.'

Scarpone s'infuriò. Il giornale doveva essere un giornale di cafoni, il primo giornale dei cafoni. Un giornale scritto a mano. Tutto ciò che potevano pensare a Roma gli era indifferente.

Baldissera finalmente si convinse. Fu dunque approvata la proposta di Scarpone.

Mentre Maria Grazia si mise a scrivere il titolo del giornale, si passò alla discussione sul primo articolo.

Maria Grazia scriveva con la testa inclinata su una spalla, come una scolaretta, e tutto sembrava un gioco di bambini. 'Strano', pensavo tra me 'strano, quante novità in una volta'.

Zompa propose:

'La prima notizia deve riguardare, sarete tutti d'accordo, questo: Hanno ammazzato Berardo Viola.'

Scarpone fu d'accordo, ma propose un'aggiunta: 'Hanno ammazzato Berardo Viola, che fare?'

'C'è nel titolo *che fare?*' osservò Michele.

'Non basta', rispose Scarpone. 'Bisogna ripeterlo. Se non si ripete, il titolo non vale nulla. Anzi è meglio levarlo. *Che fare?* Bisogna ripeterlo in ogni articolo. "Ci han tolta l'acqua, *che fare?*" Capite? "Il prete si rifiuta di seppellire i nostri morti, *che fare?*" "In nome della legge violano le nostre donne, *che fare?*" "Don Circostanza è una carogna, *che fare?*"'

Allora tutti capimmo l'idea di Scarpone e fummo d'accordo con lui.

Un'altra piccola discussione ebbe luogo sul nome di Berardo. Baldissera pretendeva che si dovesse scrivere Viola con due elle, mentre Michele riteneva che una dovesse bastare. Però Maria Grazia dichiarò di poter scrivere in modo che rimanesse dubbio se si trattasse di una o di due elle, e così la discussione ebbe termine.

Quando mi accorsi che non c'era più nulla da discutere, lasciai la compagnia e me ne andai a casa, per star un po' da solo con mio figlio, perché credevo di averlo perduto e l'avevo ritrovato.

Era di sera tardi quando venne da me Scarpone a portarmi un pacco di trenta copie del giornale *Che fare?* affinché le andassi a distribuire a S. Giuseppe, dove avevo molti conoscenti. Il giorno dopo gli altri Fontamaresi avrebbero distribuito il giornale negli altri villaggi vicini. In tutto, ne erano state fatte cinquecento copie.

Quando mia moglie vide i fogli, fece una smorfia di diffidenza.

'Adesso diventiamo anche noi come Innocenzo La Legge che distribuisce i fogli,' mi disse.

'C'è il nome di Berardo', io mi scusai. 'Non per altro.'

'Quando le stranezze cominciano,' ribatté mia moglie, 'nessuno le ferma più.'

'Hai ragione', io ripetei. 'Non è il nostro mestiere. Ma c'è il nome di Berardo. Solo per questo.'

A S. Giuseppe abita la famiglia di mia moglie e per festeggiare la liberazione di mio figlio ci venne l'idea di andare a S. Giuseppe tutti e tre. Fu la nostra salvezza.

Infatti, vi andammo nel pomeriggio e in una mezz'ora feci la distribuzione del giornale alle persone che incontrai per strada. Verso le nove, dopo aver mangiato la minestra e bevuto un bicchiere coi parenti, riprendemmo la via di Fontamara. A metà strada sentimmo alcuni spari, lontani.

'Che festa è', domandò mia moglie, per poter indovinare da quale villaggio venissero gli spari.

Era difficile dire che festa fosse. S. Luigi era passato e S. Anna non era ancora arrivata.

Proseguendo oltre, gli spari divennero più frequenti.

'Si direbbe che gli spari vengano da Fontamara', osservai.

Passò in quel momento un carrettiere di Manaforno, che veniva dalla direzione di Fossa.

'Eh, Fontamaresi', ci gridò senza arrestarsi, 'a Fontamara c'è la guerra'.

Noi continuammo ad andare avanti.

'La guerra? Perché la guerra?' ci chiedevamo tra noi.

'La guerra tra Fontamaresi? È impossibile', ci dicevamo tra noi.

'La guerra dell'Impresario contro Fontamara? Di nuovo, ma perché?'

Ogni tanto gli spari s'interrompevano, ma poi riprendevano più fitti. Proseguendo, divenne più chiaro che gli spari provenivano da Fontamara e che si trattava di colpi di moschetto.

'Che fare?' ci chiedemmo tra noi in preda allo sgomento.

(Era la domanda di Scarpone: *Che fare?*)

Ma la risposta era più difficile della domanda.

Intanto continuavamo ad andare avanti.

Nell'incrocio tra la via di Fossa e quella di Fontamara, ci si parò innanzi Pasquale Cipolla.

'Dove volete andare? A Fontamara? Siete pazzi?' ci gridò Cipolla e riprese la sua corsa verso Fossa.

Noi ci mettemmo a correre dietro di lui.

Ma che succede a Fontamara?' gridavo io dietro Pasquale Cipolla. 'Perché tutti questi spari?'

'È la guerra, è la guerra', rispose Cipolla. 'La guerra contro i cafoni, contro il giornale.'

'E gli altri, cosa fanno?' domandai.

'Chi ha potuto si è salvato. Chi ha potuto è scappato', rispose Cipolla senza fermarsi.

'Scarpone è scappato?' domandò mio figlio.

'Pace all'anima sua', rispose Cipolla facendosi il segno della croce.

'Venerdì Santo è scappato?'

'Pace all'anima sua', rispose Cipolla ripetendo il segno della croce.

'E Pilato?' domandai.

'Ha preso la via della montagna.'

'E il generale Baldissera?'

'Pace all'anima sua.'

'E chi altro è morto?'

Da lontano sentimmo uno scalpitìo di cavalli venire verso di noi. Potevano essere i carabinieri di Pescina che accorrevano a Fontamara.

Ci buttammo perciò in mezzo ai campi. Nell'oscurità perdemmo di vista Pasquale Cipolla.

Né avemmo più notizie di lui.

Né abbiamo avuto più notizie degli altri. Di quelli che morirono e di quelli che si salvarono. Né della nostra casa. Né della terra.

Adesso stiamo qui.

Per mezzo del Solito Sconosciuto, col suo aiuto, siamo arrivati qui, all'estero. Ma è chiaro che non possiamo restarvi.

Che fare?

Dopo tante pene e tanti lutti, tante lacrime e tante piaghe, tanto odio, tante ingiustizie e tanta disperazione, che fare?

7.4 Raffaele Cadorna, 'La lotta partigiana infuria', in *La riscossa* (Milan: Bietti, 1977) 145–51.

Raffaele Cadorna had been a general in the Italian Army and commander of the Arieti division during the defense of Rome. After 8 September 1943, he joined the antifascist Resistance and in November 1944 was named supreme commander of the Corpo Volontari della Libertà, the military wing of the Resistance, but resigned his post three months later when he felt the communists were gaining too much power within the Resistance. Immediately after the war, he was named head of the Army's General Staff and later served in the Italian Senate. Here, he reveals some of the internal divisions of the armed Resistance.

Il mio arrivo in Alta Italia corrispondeva con il pieno sviluppo della lotta partigiana. L'avvento della buona stagione, il felice andamento delle operazioni alleate su tutti i fronti, i provvedimenti di rigore usati dai nazi-fascisti per assicurare il reclutamento della mano d'opera e dei militari e l'intensa propaganda svolta dagli organi dirigenti della resistenza, tutti questi fattori avevano contribuito a sviluppare il movimento partigiano. Messo da parte il concetto di formare solo piccoli gruppi di terroristi e di sabotatori, si puntava dritto alla graduale mobilitazione delle popolazioni con un crescendo di atti di violenza sino a sboccare nell'insurrezione generale il giorno che la situazione della guerra lo avesse consentito.

Questo concetto era stato accettato da tutte le correnti del C.L.N.A.I., sia che ponessero come obiettivo finale del movimento la semplice cacciata dei tedeschi e dei fascisti, sia che mirassero all'instaurazione di un ordine nuovo anziché al ripristino puro e semplice delle istituzioni democratiche parlamentari quali vigevano prima del fascismo.

Il cospicuo sviluppo delle formazioni partigiane – si calcolava allora che il numero si aggirasse su 90.000, di cui 30.000 nel solo Piemonte – non poteva restare senza conseguenze nel campo tattico e in quello logistico. Gruppi di pochi uomini possono agevolmente nascondersi, attaccare e scomparire. Possono del pari facilmente rifornirsi in viveri ed equipaggiamenti, sempre che le popolazioni siano loro favorevoli o non siano terrorizzate dall'occupazione nemica.

Che le popolazioni siano state, nel loro complesso, favorevoli alla lotta partigiana, non v'ha dubbio. Né poteva essere altrimenti, dato l'odio suscitato dai crudeli sistemi adottati dai tedeschi e dal disprezzo verso la reincarnazione del fascismo nella Repubblica Sociale, ma soprattutto il fatto che, la maggioranza dei partigiani essendo reclutati nella zona, non poteva mancare la solidarietà delle famiglie verso i loro figlioli. Si aggiunga una certa simpatia tutta italiana verso chi si ribella all'autorità costituita. Ma il favore delle popolazioni aveva limiti nel tormento cui erano esposte. Le fucilazioni, gli incendi di abitati, le violenze, l'asportazione di ogni bene che normalmente seguiva l'azione dei reparti tedeschi o fascisti incaricati di eseguire rastrellamenti come rappresaglia per le azioni offensive dei partigiani, deprimevano ed eccitavano al tempo stesso profondamente le popolazioni. Se da un lato verso l'oppressore l'odio cresceva a dismisura, dall'altro le vittime erano indotte a inveire anche contro il partigiano, che seguendo la tattica della guerriglia, abbandonava alla feroce rappresaglia nemica il paese che lo aveva ospitato e vettovagliato. Questo elemento morale di indubbio valore concorreva spesso a determinare una condotta tattica male appropriata alla consistenza e all'armamento delle formazioni col risultato che, al saccheggio dei paesi, si aggiungeva anche la distruzione delle formazioni. L'accrescimento del numero andava normalmente a scapito della qualità. Le formazioni che avevano superato la critica stagione invernale, sottoponendosi a disagi di ogni genere, si arricchivano, col sopravvenire della buona stagione, di elementi assai meno provati, alcuni dei quali si davano alla montagna più per schivare il rischio che per affrontarlo, attratti anche dalla speranza di far vita più facile se non addirittura per far bottino. Non era impresa agevole per i capi quella di selezionare il personale, di affidarlo e di addestrarlo al combattimento, tanto più che si trattava spesso di elementi giovani che non avevano fatto il servizio militare.

L'accrescimento del numero a sua volta aggravava il problema logistico. Come procurare le ingenti quantità di vettovaglie e di rifornimenti necessari per far vivere collettività sempre più numerose e in un territorio strettamente controllato dal nemico e da esso abbondantemente sfruttato? Tattica e logistica si influenzavano a vicenda; se in un primo tempo ragioni tattiche, e cioè maggiori facilitazioni di difesa, avevano fatto gravitare i partigiani verso le alte vallate delle Alpi o degli Appenini, ragioni logistiche li avevano, in secondo tempo, ravvicinati alla ubertosa pianura padana allorché le vallate non offrivano più risorse sufficienti.

La lotta partigiana veniva in parte, solo in piccola parte, regolarmente finanziata con danaro fornito dagli Alleati, la cui concessione corrispondeva a una valutazione normalmente superata dal rapido crescendo dei prezzi e che non teneva conto della dispersione conseguente alle difficoltà e al rischio della distribuzione. Fu giocoforza finanziare la lotta con contribuzioni più o meno volontarie e con requisizioni. Vi erano le formazioni ricche e quelle povere. Le prime erano dislocate in prossimità delle regioni industriali donde traevano il materiale di equipaggiamento e il denaro occorrente per acquistare le vettovaglie, oppure occupavano regioni ubertose ove i contadini, liberati dal peso degli ammassi e dalle requisizioni dei tedeschi, fornivano volentieri le vettovaglie ai partigiani. Povere erano invece le formazioni che vivevano in montagna e che dovevano acquistare e trasportare le derrate attraverso le maglie della vigilanza nemica. Alcune di tali formazioni si erano aperte una via di comunicazione con la Svizzera, donde venivano rifornite direttamente dagli Alleati.

Altro mezzo di rifornimento era quello degli aviolanci alleati. Esso veniva regolato dalle missioni alleate dislocate presso le formazioni partigiane, le quali si incaricavano della equa distribuzione tra reparti correnti. Il materiale aviolanciato comprendeva solitamente armi automatiche, munizioni, esplosivo, ma anche indumenti caldi, sigarette, cioccolato, ecc. Materiale dunque prezioso e che le formazioni e la popolazione si disputava accanitamente. Nonostante gli accordi radio – chi non ricorda le frase sibilline diramate da radio-Londra? – ed i segnali luminosi concordati, erano frequenti gli errori da parte degli aviatori tratti in inganno da false segnalazioni.

Si può dire che la dislocazione delle formazioni partigiane era condizionata da tre elementi antitetici:

1. ragione offensiva: necessità cioè di essere a portata di qualche importante caposaldo nemico per eseguire azioni di sabotaggio o di disturbo;
2. ragione difensiva: essere in condizione di difendersi o di sfuggire in caso di azione nemica;
3. ragione logistica: avere a portata di mano i mezzi per alimentare le formazioni … .

Il diffondersi del ribellismo costituiva una grossa spina nell'occhio dei tedeschi e dei fascisti. Dei tedeschi per il disturbo effettivo e la minaccia potenziale alle loro lunghe e sensibili retrovie e anche perché il fermento disturbava il metodico sfruttamento ch'essi facevano delle risorse agricole e industriali dell'Italia. I fascisti poi vedevano completamente scaduta la già scarsa autorità della Repubblica Sociale. Entrambi avvisavano ai mezzi più idonei per spegnere o quanto meno intralciare l'estendersi del movimento di resistenza; normalmente ricorrevano al sistema del bastone e della carota, alternando rastrellamenti e rappresaglie sempre più feroci con promesse di perdono alle pecorelle disposte a tornare all'ovile ...

Nel complesso la lotta si era accesa su tutto il fronte, caratterizzata da soste e da riprese: il nemico, che in un primo tempo aveva subìto scacchi sanguinosi, tendeva ora a raccogliere le sue forze per reagire successivamente con mezzi sempre più schiaccianti e con rappresaglie sempre più feroci, nella speranza di sradicare definitivamente il ribellismo. Riusciva a rioccupare, o meglio a controllare momentaneamente i punti più importanti delle varie zone ma tale controllo si attenuava o cessava del tutto non appena le truppe che avevano partecipato al rastrellamento si allontavano dalla zona; gli stessi presidi fascisti, lasciati in posto, facevano spesso figura di reparti assediati, costretti a vivere in un'atmosfera di costante allarme. Non è compito di questi miei ricordi narrare le singole vicende della lotta partigiana, la quale ebbe necessariamente carattere episodico e si sviluppò gradualmente nelle singole province man mano che si verificarono le condizioni indispensabili. L'opera del Comando generale non poteva essere che di incitamento e di coordinamento delle forze disponibili; le modalità e la condotta della lotta stessa erano regolate da fattori locali che sfuggivano al nostro controllo. In quell'estate-autunno '44, la speranza di una prossima fine vittoriosa della guerra si era diffusa in tutti e con essa il desiderio di parteciparvi attivamente. Nell' euforia generale, le formazioni partigiane si moltiplicarono rapidamente e il loro atteggiamento divenne spavaldamente offensivo. A nulla valsero le feroci reazioni del nemico se non a rinfocolare l'odio e a rafforzare la determinazione di continuare la lotta senza quartiere.

7.5   Renata Viganò, 'Il tempo era lungo a passare', in *L'Agnese va a morire* (Turin: Einaudi, 1949), 237–9.

An active participant in the Armed Resistance, Renata Viganò (1900–76) wrote what is widely acknowledged to be one of the finest novels of the Resistance experience. Fighting alongside her husband, a commander of the Garibaldi Brigades, Viganò created in Agnese a memorable protagonist. An elderly peasant who has never travelled far beyond her orchard, Agnese joins the Resistance after her husband is executed by the Nazis. Taking her rusty old bicycle into the marshes with the partisans, Agnese struggles against doubt, nature, betrayals, and fascism. In Agnese, Viganò has captured the innate sense of justice and outrage felt by a large segment of Italian society.

Il tempo era lungo a passare. Di fuori non si sentiva nessun rumore. Dentro lo stanzone faceva freddo. Si vedeva il vapore dei respiri. Molte donne piangevano; una consolava l'altra, ma appena questa s'asciugava gli occhi, prendeva il suo posto nel coro dei lamenti. Gli uomini giravano su e giú, qualcuno andava a mettere l'orecchio alla serratura. Avvertiva un piccolo strepito, un piede strisciato per cambiare posizione, un colpo di tosse, faceva segno: 'Sono lí'. Erano lí, col mitra, forse in due soltanto. Due mitra bastavano, davanti a tante braccia disarmate.

Venne, prima indistinto, poi piú chiaro, disteso nel vuoto dell' aria di inverno, un rombo di aerei. Quell'eco, finora temuta, diventò all'improvviso una voce di speranza. 'Se bombardano vicino', disse uno, 'i tedeschi vanno via'. Si alzarono tutti, si strinsero contro la porta. Gli uomini gridarono: 'Via le donne', e cercarono nel mucchio di legna dei pezzi lunghi e pesanti. Il compagno che prima aveva fatto cenno all'Agnese di tacere, stava con la testa appoggiata al battente. 'Alla prima bomba, se scappano, sfondiamo la porta.' Gli aerei passavano proprio sopra, si sentiva forte l'onda musicale dei motori, ma erano alti, indifferenti, in viaggio. Si allontanavano. Nel rumore decrescente si mescolò un altro rombo, piú sicuro, a terra, quello di un autocarro. L'uomo contro la porta intese uno scalpiccío, i soldati di guardia, certo, si erano alzati in piedi. Le ruote frusciarono sulla paglia dell'aia. Appena il motore si fermò si udirono le voci tedesche. Uno dei rastrellati disse: ' Se avessero trovato il camion', e tutti dentro lo stanzone, forte, piano, da ogni angolo, ripetevano: 'Hanno trovato il camion.'

L'uomo che ascoltava alla porta lasciò il suo posto, subito occupato da altri, andò vicino all'Agnese, le disse: 'Salve, compagna.

Tu non mi hai mai visto, ma io ti conosco. Sono Simone di Linin.'
Lei si ricordò una lunga corsa in bicicletta, un colore di nebbia,
freddo, silenzio, una casa dove non aveva trovato nessuno, tanta
strada fatta inutilmente. 'Venisti che io non c'ero', disse Simone.
'Mi rammento bene', rispose l'Agnese.

Fu allora che si aprí la porta, entrarono il tenente e due soldati
tedeschi: si annullò immediatamente il brusio affaticato di parole.
L'ufficiale guardò come prima in mezzo al gruppo, poi scelse dieci
individui con la punta del suo zelante frustino, badando di dividere
quelli che erano piú stretti insieme; toccò anche alla donna magra,
e al compagno Simone. I soldati spinsero i dieci nella luce bianca
della neve, richiusero la porta. Una ventata di terrore passò
nell'aria morta: 'Ci fucilano tutti', e nessuno parlò piú, si sentirono
soltanto lacerati singhiozzi. Molti stavano gettati nella paglia, con
le mani sulle orecchie, per l'orrore delle raffiche imminenti. Ma
non ci fu alcuna raffica, e i minuti cadevano come sassi.

La porta si riaperse, vi fu una corsa dei piú lontani, un ammuc-
chiarsi di visi sudati e freddi, di mani tremanti. Questa volta il
tenente non scelse, ne mandò via un branco a caso. I primi dieci
erano fuori, salvi. Aspettavano. Si udirono le grida di quelli che si
ritrovavano insieme vivi, il rumore svelto di passi liberati. Il
battente era aperto: i due soldati trattenevano a fatica la felicità dei
rimasti. 'Anche per questa volta, non si muore', pensò l'Agnese,
che stava per ultima. 'Ma certo ho perduta la bicicletta.'

In quel momento i due soldati si scostarono: 'Raus! Raus!'
L'Agnese corse dietro agli altri, sbatté le palpebre nella luce viva,
s'incontrò prima col tenente, poi con un'altra faccia di tedesco, si
fermò. Quella faccia divenne a un tratto sformata, malsana, mosse
le labbra, certo gridava. Ma l'Agnese non intese la voce, vide
soltanto chiaro il disegno di un nome: Kurt. Vide anche il maresciallo, questa stessa faccia, seduto sul muretto con la Vandina, risentí
l'odore di quella sera, odore di erba bagnata sotto il pesco. Due
ceffoni furibondi la sommersero in uno stordito giro di circoli rossi.

Il maresciallo gridò ancora; prese la pistola, le sparò da vicino
negli occhi, sulla bocca, sulla fronte, uno, due, quattro colpi. Lei
piombò in giú col viso fracassato contro la terra. Tutti scapparono
urlando. Il maresciallo rimise la pistola nella fondina, e tremava,

certo di rabbia. Allora il tenente gli disse qualche cosa in tedesco, e sorrise.

L'Agnese restò sola, stranamente piccola, un mucchio di stracci neri sulla neve.

8 The death throes of fascism

8.1 *Il Manifesto di Verona* at <www.geocities.com/ CapitolHill/8972/verona.htm>

After Mussolini's rescue by Nazi paratroopers, Hitler convinced him to return to Italy and form the Repubblica Sociale Italiana (Italian Social Republic). From September 1943 until April 1945, Mussolini attempted to preserve a façade of sovereignty, but in reality the RSI was under the firm control of the Germans. Known popularly as the Salò Republic after Mussolini's residence located on the shores of Lake Garda, it has been a point of controversy in the postwar period. Conservatives and neo-fascists argue that Mussolini and those who joined the RSI were performing a patriotic duty; others see the RSI as the last gasp of a brutal regime. Indeed, one of the RSI's major duties was the repression and execution of Italian partisans. The RSI also tried and executed those fascists who had voted for Mussolini's dismissal on 25 July 1943. Mussolini's own Foreign Minister and son-in-law, Galeazzo Ciano, was executed notwithstanding the pleas of his daughter, Edda Mussolini Ciano. On 14 November 1943 the first congress of the Fascist Republican Party was held in Verona. The following manifesto was issued; a confusing mix of fascism's early radicalism and an attempt to placate the Nazis.

Il Manifesto di Verona

Il primo rapporto nazionale del Partito Fascista Repubblicano: leva il pensiero ai Caduti del Fascismo repubblicano, sui fronti di guerra, nelle piazze delle città e dei borghi, nelle foibe d'Istria e della Dalmazia che si aggiungono alle schiere dei Martiri della Rivoluzione, alla falange di tutti i morti per l'Italia; addita nella continuazione della guerra a fianco della Germania e del Giappone fino alla vittoria finale e nella rapida ricostruzione delle Forze Armate destinate ad operare accanto ai valorosi soldati del Fuhrer, le mete che sovrastano qualunque altra di importanza ed urgenza; prende atto che i decreti del Partito porteranno intransigente volontà ed esemplare giustizia e, ispirandosi alle fonti e alle realizzazioni mussoliniane, enuncia le seguenti direttive programmatiche per l'azione del Partito:

IN MATERIA COSTITUZIONALE ED INTERNA:
Sia convocata la Costituente, potere sovrano di origine popolare, che dichiari la decadenza della monarchia, condanni solennemente l'ultimo re traditore e fuggiasco, proclami la Repubblica Sociale e ne nomini il Capo.

La costituente sia composta dai rappresentanti di tutte le associazioni sindacali e di tutte le circoscrizioni amministrative comprendendo i rappresentanti delle province invase attraverso le delegazioni degli sfollati e dei rifugiati sul suolo libero. Comprenda altresì le rappresentanze dei combattenti; quelle dei prigionieri di guerra, attraverso i rimpatriati per minorazione; quelle degli italiani all'estero; quelle della Magistratura, delle Università e di ogni altro Corpo o Istituto la cui partecipazione contribuisca a fare della Costituente la sintesi di tutti i valori della Nazione.

La Costituente repubblicana dovrà assicurare al cittadino – soldato, lavoratore e contribuente – il diritto di controllo e di responsabile critica sugli atti della pubblica amministrazione. Ogni 5 anni il cittadino sarà chiamato a pronunciarsi sulla nomina del Capo della Repubblica. Nessun cittadino, arrestato in flagrante o fermato per misure preventive, potrà essere trattenuto oltre i sette giorni senza un ordine dell'autorità giudiziaria, tranne il caso di flagranza, anche per le perquisizioni domiciliari occorrerà un ordine dell'autorità giudiziaria. Nell'esercizio delle sue funzioni la magistratura agirà con piena indipendenza.

La negativa esperienza elettorale già fatta dall'Italia e l'esperienza parzialmente negativa di un metodo di nomina troppo rigidamente gerarchico contribuiscono entrambe ad una soluzione che concilii le opposte esigenze. Un sistema misto (ad esempio, elezione popolare dei rappresentanti alla Camera e nomina dei Ministri per parte del Capo della Repubblica e del Governo e, nel Partito, elezione di Fascio salvo ratifica e nomina del Direttorio nazionale per parte del Duce) sembra il più consigliabile.

L'organizzazione a cui compete l'educazione del popolo ai problemi politici è unica. Nel Partito, ordine di combattenti e di credenti, deve realizzarsi un organismo di assoluta purezza politica, degno di essere il custode dell' idea rivoluzionaria. La sua tessera non è richiesta per alcun impiego od incarico.

La religione della Repubblica è la cattolica apostolica romana. Ogni altro culto che non contrasti con la legge è rispettato.

Gli appartenenti alla razza ebraica sono stranieri. Durante questa guerra appartengono a nazionalità nemica.

IN POLITICA ESTERA:

Fine essenziale della politica estera della Repubblica dovrà essere l'unità, l'indipendenza, l'integrità territoriale della Patria nei termini marittimi ed alpini segnati dalla Natura, dal sacrificio di sangue e dalla storia, termini minacciati dal nemico con l'invasione e con le promesse ai Governi rifugiati a Londra. Altro fine essenziale consisterà nel far riconoscere la necessità degli spazi vitali indispensabili ad un popolo di 45 milioni di abitanti sopra un'area insufficiente a nutrirli. Tale politica si adopererà inoltre per la realizzazione di una comunità europea, con la federazione di tutte le nazioni che accettino i seguenti fondamenti:

1. eliminazione dei secolari intrighi britannici dal nostro continente;
2. abolizione del sistema capitalistico interno e lotta contro le plutocrazie mondiali;
3. valorizzazione, a beneficio dei popoli europei e di quelli autoctoni, delle risorse naturali dell'Africa, nel rispetto assoluto di quei popoli, in specie, mussulmani, che, come l'Egitto, sono già civilmente e nazionalmente organizzati.

IN MATERIA SOCIALE:

Base della Repubblica Sociale e suo oggetto primario è il lavoro, manuale, tecnico, intellettuale, in ogni sua manifestazione.

La proprietà privata, frutto del lavoro e del risparmio individuale, integrazione della personalità umana, è garantita dallo Stato. Essa non deve però diventare disintegratrice della personalità fisica e morale di altri uomini, attraverso lo sfruttamento del loro lavoro.

Nell'economia nazionale tutto ciò che per dimensioni o funzione esce dall'interesse singolo per entrare nell'interesse collettivo, appartiene alla sfera di azione che è propria dello Stato. I pubblici servizi e, di regola, le fabbricazioni belliche devono venire gestiti dallo Stato a mezzo di Enti parastatali.

In ogni azienda (industriale, privata, parastatale, statale) le rappresentanze dei tecnici e degli operai coopereranno intimamente – attraverso una conoscenza diretta della gestione – all'equa fissazione dei salari, nonché all'equa ripartizione degli utili tra il fondo di riserva, il frutto del capitale azionario e la partecipazione agli utili stessi per parte dei lavoratori. In alcune imprese ciò potrà avvenire con una estensione delle prerogative delle attuali commissioni di fabbrica. In altre, sostituendo i Consigli di amministrazione con Consigli di gestione composti da tecnici e da operai con un rappresentante dello Stato. In altre ancora, in forma di cooperativa parasindacale.

Nell'agricoltura, l'iniziativa privata del proprietario trova il suo limite là dove l'iniziativa stessa viene a mancare. L'esproprio delle terre incolte e delle aziende mal gestite può portare alla lottizzazione fra braccianti da trasformare in coltivatori diretti, o alla costituzione di aziende cooperative, parasindacali o parastatali, a seconda delle varie esigenze dell'economia agricola. Ciò è del resto previsto dalle leggi vigenti, alla cui applicazione il Partito e le organizzazioni sindacali stanno imprimendo l'impulso necessario.

È pienamente riconosciuto ai coltivatori diretti, agli artigiani, ai professionisti, agli artisti il diritto di esplicare le proprie attività produttive individualmente, per famiglia o per nuclei, salvi gli obblighi di consegnare agli ammassi la quantità di prodotti stabilita dalla legge o di sottoporre a controllo le tariffe delle prestazioni.

Quello della casa non è soltanto un diritto di proprietà, è un diritto alla proprietà. Il Partito iscrive nel suo programma la creazione di un Ente nazionale per la casa del popolo, il quale assorbendo l'Istituto esistente e ampliandone al massimo l'azione provvede a fornire in proprietà la casa alle famiglie dei lavoratori di ogni categoria, mediante diretta costruzione di nuove abitazioni o graduale riscatto delle esistenti. In proposito è da affermare il principio generale che l'affittto – una volta rimborsato il capitale e pagatone il giusto frutto – costituisce titolo di acquisto. Come primo compito, l'Ente risolverà i problemi derivanti dalle distruzioni di guerra, con requisizione e distribuzione di locali inutilizzati e con costruzioni provvisorie.

Il lavoratore è iscritto d'autorità nel sindacato della categoria, senza che ciò impedisca di trasferirsi in altro sindacato quando ne abbia i requisiti. I sindacati convergono in una unica Confederazione che comprende tutti i lavoratori, i tecnici, i professionisti, con l'esclusione dei proprietari che non siano dirigenti o tecnici. Essa si denomina Confederazione Generale del Lavoro, della Tecnica e delle Arti. I dipendenti delle imprese dello Stato e dei servizi pubblici formano sindacati di categoria, come ogni altro lavoratore. Tutte le imponenti provvidenze sociali realizzate dal Regime Fascista in un ventennio restano integre. La Carta del Lavoro ne costituisce nella sua lettera la consacrazione, così come nel suo spirito il punto di partenza per l'ulteriore cammino.

In linea di attualità il Partito stima indilazionabile un adeguamento salariale per i lavoratori attraverso l'adozione di minimi nazionali e pronte revisioni locali, e più ancora per i piccoli e medi impiegati tanto statali che privati. Ma perché il provvedimento non riesca inefficace e alla fine dannoso per tutti occorre che con spacci cooperativi, spacci d'azienda, estensione dei compiti della 'Provvida', requisizione dei negozi colpevoli di infrazioni e loro gestione parastatale o cooperativa, si ottenga il risultato di pagare in viveri ai prezzi ufficiali una parte del salario. Solo così si contribuirà alla stabilità dei prezzi e della moneta e al risanamento del mercato. Quanto al mercato nero, si chiede che gli speculatori – al pari dei traditori e dei disfattisti – rientrino nella competenza dei Tribunali straordinari e siano passibili di pena di morte.

Con questo preambolo alla Costituente il Partito dimostra non soltanto di andare verso il popolo, ma di stare col popolo. Da parte sua il popolo italiano deve rendersi conto che vi è per esso un solo modo di difendere le sue conquiste di ieri, oggi e domani: ributtare l'invasore schiavista della plutocrazia angloamericana, la quale, per mille precisi segni, vuole rendere ancora più angusta e misera la vita degli italiani. V'è un solo modo di raggiungere tutte le mete sociali: combattere, lavorare, vincere.

8.2   Antonio Fossati, 'Questo mio ultimo scritto', in *Lettere di condannati a morte della Resistenza italiana*: *8 settembre 1943–15 aprile 1945* (Turin: Einaudi, 1994), 3–4.

As the war dragged on between 1943 and 1945, fascist and nazi reprisals became more severe. Thousands of partisans and civilians were detained, brutalized, tortured, and executed, including many who were not actively involved in the armed Resistance. The following is a letter found in the archives of the Corpo Volontari della Libertà in Milan and published in a collection of letters of those condemned to death. Covering a broad spectrum of Italian society, from aristocratic military officers to workers and peasants, these letters are an eloquent testimony to the sacrifices and ideals of those who fought for the principles of liberty and justice.

Carissima Anna,

eccomi a te con questo mio ultimo scritto prima di partire per la mia condanna. Io muoio contento d'aver fatto il mio dovere di Vero Patriota. Mia cara sii forte che dal cielo pregherò per te, che tu per me sei sempre stata l'unica consolazione in questi momenti di grande dolore mi confortavo solo con te. Quando tu venivi mi sembrava che la mia vita veniva piú bella, mi sentivo piú sollevato, sentivo sorpassare davanti. Ti ricordi Anna che da quel giorno che mi hai visto piangere anche tu ti sono scese le grosse lacrime dagli occhi mia piccola e cara Anna i tuoi capelli hanno asciugato quelle lacrime dei miei occhi. Cara ora ti racconto un po' della mia vita e incomincio subito:

il giorno 27 fui preso portato a Vercelli in prigione dove passai senza interrogazione. Il mattino del 29 fui chiamato davanti a tutti i fascisti di Vercelli. Io non ho risposto mai alle loro domande le sole parole erano queste 'che non so niente e che non sono partigiano'. Ma loro mi hanno messo davanti mille cose per farmi dire di sì ma non usciva parola dalla mia bocca e pensando che dovevo morire. Il giorno 31 mi fu fatto la prima tortura ed è questo mi hanno strappato le ciglia e le sopraciglia. Il giorno 1 la seconda tortura 'mi hanno strappato le unghie, le unghie delle mani e dei piedi e mi hanno messo al sole che non puoi immaginare, ma portavo pazienza e dalla mia bocca non usciva parola di lamento'.

Il giorno 2 la terza tortura 'mi hanno messi ai piedi delle candele accese ed io mi trovai legato su una sedia mi son venuti tutti i capelli grigi ma non ho parlato ed è passato'. Il giorno 4 fui portato in una sala dove c'era un tavolo sul quale mi hanno teso in un laccio al collo per dieci minuti la corrente e fui portato per tre giorni fino al giorno 6 alla sera alle ore 5 mi dissero se avevo finito di scrivere tutto ciò che mi sentivo ma non ho ancora risposto e voglio sapere la mia fine che devo fare, per dirlo alla mia cara Anna e mi dissero quella tremenda condanna e mi feci vedere molto orgoglioso ma quando fui portato in quella tremenda cella di nuovo mi inginocchiai mi misi a piangere avevo nelle mie mani la tua foto ma non si conosceva più la tua faccia per le lacrime e i baci che ti ho fatto, questo cara Anna devi perdonarmi sii forte a sopportare questo orrendo delitto e fatti coraggio avrai il tuo amore fucilato alla schiena. Ma Dio paga non soltanto il sabato ma tutti i giorni, fai bene Anna, che il tempo passa e non tornerà più e la morte si avvicina.

Cara Anna mi devi promettere una cosa sola che saprai vendicare il sangue di un innocente che grida vendetta contro i fascisti. Nel tuo cuore non ci deve essere dolore ma l'orgoglio di un Patriota e anche ti prego di tenere per ricordo il mio nastrino tricolore che lo portai sempre sul cuore per dimostrarmi un vero Patriota. Anna non piangere per me che hai avuto il tuo caro papà morto. Io dal cielo ti guarderò ove tu andrai e ti seguirò ovunque. Mi trovo nelle mani dei Carnefici se mi vedessi Anna non mi riconosceresti più per lo stato che son ridotto molto magro grigio sembro tuo nonno tutto ciò non basta il peggio sarà domani sera senza un soccorso da te e dai miei genitori senza veder più nessuno quale dolore sarà per la mia mamma.

Ti prego Anna a guerra finita va a Torino da mia sorella e racconta ciò che è avvenuto nei giorni della mia prigione e che per lei ho fatto questa morte le auguro che non le facciano del male come a suo fratello ma anche per lei verrà il giorno della riscossa; ella dirà che è colpa mia. Anna sii forte sopporta questa croce pesante che dovrai portare fino al disopra del cielo. Ora veramente devo terminare perché mi fanno molto male le mani e mi fanno sangue.

Saluti e baci prega per me che io dal cielo pregherò per te.

Antonio Fossati

197

8.3 Arrigo Paladini, 'Condannato a morte per aver servito l'Italia', graffiti from a nazi prison cell in Rome, 1944, transcribed by the editor of this volume.

Arrigo Paladini (1921–96), like Cadorna, was a military official. Paladini had originally supported fascism but that support soon waned as Italy entered the war as an ally of nazi Germany. After 8 September 1943, Paladini made his way to the Resistance. Heading a mission for the OSS (Office of Strategic Services), he was captured and brought to the SS head-quarters in Rome, on via Tasso, on 4 May 1944. For nearly a month he was tortured almost daily; between torture sessions, he managed to scratch and pen his thoughts, notes and poetry onto the walls of his minuscule cell. As the Allies made their way to liberate Rome in early June 1944, the nazis began executing the remaining prisoners at via Tasso by loading them onto trucks and killing them just outside the city. Paladini was scheduled to be transported and executed with the last truckload; by a stroke of good fortune, the truck had mechanical failure and the nazis departed, leaving Paladini and a few other prisoners who were liberated the next day, 4 June 1944. The notes below were transcribed by the editor of this volume. The prison on via Tasso still exists and the building has been transformed into the Museo Storico della Liberazione di Roma.

arrigo paladini condannato a morte per aver servito l'italia

maggio 1944

Lascio la vita quando più il futuro mi sorride alla vigilia del giorno più bello.

Nessun rimpianto; la certezza di aver compiuto tutto, fino in fondo, il mio dovere di soldato, secondo l'imperativo della mia coscienza. La consapevolezza di aver tutto offerto a quell'ideale che sempre per me ha costituito la unica norma di vita; la ferma convinzione di lasciar dietro di me una traccia di pura onestà e di lineare condotta, fanno sì che oggi io possa affrontare la morte con la serenità più grande e lo spirito più alto. In queste ore non posso che sentire il privilegio che mi è concesso: poter dare tutto me stesso, fino all'ultima energia vitale alla causa suprema della patria. Poter a lungo meditare sulla caducità della vita e sulla piccolezza delle cose umane prima di lasciare per sempre. A Dio, che dal cielo vede e giudica tutte le miserie della nostra anima, che sa comprenderle e pardonarle, il mio ringraziamento più profondo per la serena fermezza che mi sostiene. A mio padre, che dall'alto mi guida, la certezza che mai, in nessun caso, tuo figlio ha deflettuto da quella linea che col suo esempio e il suo sacrificio ha voluto indicare.

Alla mia mamma, che consapevolmente lascio nel dolore e nella desolazione, per mantener fede alla mia dignità di uomo e al mio onore di soldato, chiedo perdono, lasciandole la suprema fierezza di aver dato alla patria il dono più grande, che amo infinitamente, la custodia della mia memoria e del mio spirito con la precisa consegna di far vivere sempre la mia idea – che mi perdoni se le ho spezzato la felicità. A tutti gli italiani lascio l'esempio.

Chiedo perdono a tutti coloro ai quali ho involontariamente fatto male: per conto mio non serbo rancore ad alcuno.

W L'Italia

S. T. Arrigo Paladini
Roma maggio 1944

8.4 Luigi Capriolo, 'L'attesa mortale', in *Dalla clandestinità alla lotta armata. Diario di Luigi Capriolo dirigente comunista, 26 luglio–16 ottobre 1943*, eds Aldo Agosti e Giulio Sapelli (Turin: Musolini, 1976), 80–4.

From a socialist family near Turin, Capriolo (1902–44) joined the PCI in 1921. Arrested for the first time in 1927, he was sentenced to seven and a half years in prison and released in 1932 only to be arrested again a year later. During the armed Resistance, he led a communist partisan band and eventually became political commissar for a communist Brigade. Capriolo's diary reveals the immense idealism, heroism and sacrifices of the communist underground; undoubtedly the most efficient, best organized and most influential of the armed Resistance. Captured by the nazis and fascists in the summer of 1944, Capriolo was hanged on 30 August 1944.

Il mio interrogatorio si svolse il lunedì successivo 25 ottobre.

Una settimana quindi di attesa mortale aggravata da una strana psicosi di morituro. Le ore scorrevano lente lente ed ogni ora mi sembrava un brandello di tempo strappato alla morte. Io avrei fatto di tutto per sfuggire alla fucilazione e sentivo come un dovere assoluto il conservare la vita anche a costo di accusarmi di essere un ladro comune o un ricettatore di borsa nera. Però questo imperativo di vita non doveva offuscare l'idea che se si doveva morire bisognava saper morire, morire con dignità.

Tutta una settimana quindi trascorse come una preparazione mentale alla morte dignitosa o alla lotta strenua per il salvataggio in extremis della vita.

Debbo dire che non ebbi mai un momento di scoramento; che la mia mente rimase equilibrata e rigidamente direi quasi freddamente calcolatrice ed il cuore saldo.

L'idea della morte non mi ha spaventato, non solo, ma siccome pensavo che gli interrogatori cui sarei certamente stato sottoposto avrebbero dovuto essere violenti, l'idea della morte mi appariva come una liberazione, senza che io abbia mai pensato minimamente all'idea del suicidio come fattore liberatorio appunto perché consideravo il vivere come un dovere verso di me e verso la mia ideologia.

Ero pure convinto che tutta la violenza tedesca non m'avrebbe fatto dire una parola in più di quello che avrei voluto dire e mi sentivo fisicamente capace di sopportare ogni violenza senza perdere i sensi e la capacità di ragionare. La mia cella era sita all'ultimo piano e in angolo del braccio per cui sul balcone degli elementi di servizio non si faceva sentire che raramente ma appunto per questo ogni volta sentivo avvicinarsi qualcuno avevo impressione che venissero da me.

Il primo giorno passò senza che mi fosse dato da mangiare. Intanto cominciai a stare attento ai rumori ed a osservare dallo spioncino della porta per afferrare il sistema di servizio interno. Il pane e la minestra era portato da dei giovani catturati dai tedeschi e che questi facevano sortire dalla cella appunto per il disimpegno di tali servizi; anche la scopatura al mattino e la pulizia in generale era svolta dagli stessi elementi che avevano così la possibilità di scambiare rapide parole con quelli rinchiusi senza che i tedeschi se ne accorgessero …

Il vitto era semplicemente composto di due pagnotte al giorno di circa 450 grammi e di una minestra formata da brodo di rape con un po' di pasta o riso, il tutto assolutamente insufficiente per un nutrimento anche di carenza …

Le famiglie però avevano la facoltà di portare generi vittuari due volte alla settimana ai loro congiunti nei confronti dei quali i tedeschi avessero dato il nulla osta.

Non a tutti i prigioneri quindi, era permesso ricevere vitto dall'esterno. Infatti quando il comando tedesco voleva mantenere il suo arbitrio libero su una persona non solo affermavano alle famiglie che ansiose si rivolgevano a loro per avere notizie dei propri cari, che essi non li avevano arrestati, ma non li autorizzavano a portare generi vittuari. Cosicché quando un prigioniero non gli si faceva neanche stabilire quel contatto indiretto del vitto con la famiglia si capiva che i tedeschi volevano avere libertà d'azione su di lui. Io per tutta la prima settimana non ricevetti nulla e ciò mi confermò l'idea che la mia posizione era considerata grave.

A confermarmi l'idea della gravità della mia situazione contribuivano gli sguardi che stavano fra il curioso ed il grave che mi lanciavano dallo sportellino i militi e gli addetti al servizio ogni volta essi avevano occasione di aprirlo sia per dare acqua o il pane o la minestra, oltre al fatto che nella settimana venne due volte il sopraintendente tedesco a schiaffeggiarmi in cella senza un motivo plausibile.

Anche la tradizionale ora di aria non era concessa. Ovunque vi sono prigionieri le autorità preposte si preoccupano di dare un minimo di aria ai captivi. Qui nulla di tutto questo. Era evidente che i tedeschi consideravano una cosa di lusso concedere aria ai prigionieri ed io ebbi impressione sopratutto che non volevano assumersi lo impegno di servizio che gli dava noia e da fare: tanto essi erano arbitri di tutto quanto riguardava la vita dei prigionieri e quindi agivano con l'abitrio più antiumano e sragionato. Eppure organizzare turni di aria non doveva presentare difficoltà alcuna perché il carcere di Torino è munito di 'cubicoli' di passeggio in numero tale che un tale servizio poteva farsi senza eccessivo dispendio di tempo per gli addetti al servizio stesso.

Ebbi però una insperata fortuna: il primo venerdì della mia prigionia gli elementi di servizio di propria iniziativa ci fecero andare un'ora a passeggio.

E poiché avevano improvvisata la cosa naturalmente questa riuscì irrazionale. Essi ci tenevano isolati e badavano sopra ogni cosa che non fossero stabiliti rapporti fra prigionieri specie fra quelli che erano ancora da interrogare. Invece quella mattina ci mandarono a gruppi di una ventina circa assieme. Potei quindi scambiare qualche parola con altri e quel che mi è stato interessante potei parlare con il P. ch'era a passeggio nel cubicolo contiguo a quello dove passeggiavo io ...

Ero certo che sarei stato l'ultimo ad essere interrogato, e cioè quando i tedeschi ormai erano in possesso di elementi di fatto tali da potermi piegare ad affermazioni decisamente compromettenti e strapparmi quindi la confessione che loro faceva comodo. D'altronde fare ammissioni voleva dire sdrucciolare inevitabilmente sul terreno dello svelare nomi e collegamenti e quindi a ogni ammissione nuova violenza per ottenere nuovi nomi e collegamenti. Mi confermavo sempre più, dopo ogni minimo ragionamento, che bisognava subito, all'inizio, porsi sul terreno della negazione più assoluta di ogni scopo di attività politica o partigiana nella nostra azione, e resistere ai primi urti con gli istruttori. Solo così vi era la possibilità di salvare tutti noi e escludere addentellati con altri fuori che ad ogni costo, anche a costo di cadere sotto la raffica di interrogatori massacranti, non bisognava coinvolgere.

Questo era per me un punto d'onore, un dovere dal quale non mi potevo assolutamente esimere senza cadere nella più opprimente ed angosciosa situazione psicologica di colui il quale ha la consapevolezza di avere mancato al suo più severo dovere di militante politico: svelare i propri amici e compagni.

Intanto, nei pochi giorni trascorsi mi ero fatto cordiale con l'addetto a portare l'acqua. Era questi un bravissimo giovane onesto e coerente che faceva nella vita civile il fattorino di una agenzia di recapiti: era l'unico di cui mi pareva di potermi, sino allora, fidare. Lo incaricai infatti di domandare a B. se era stato interrogato e che cosa aveva detto, nel caso affermativo circa suoi rapporti con me.

Il bravo giovanotto manovrò così bene che dopo mezz'ora ritornava per darmi acqua ma in effetti per dirmi che il B. aveva affermato di non avermi mai visto, mai conosciuto e che non sapeva neanche chi io fossi.

Il B. era certamente uno spirito notevole e possedeva una facoltà di ragionamento spiccatissimo, e per quanto avesse dei gravi difetti in quanto rivoluzionario, purtuttavia una volta scelta la strada da essa non defletteva più a nessun costo …

Ormai gli elementi che possedevo circa lo svolgimento dell' istruttoria erano tali da indurmi a considerare che non doveva più tardare il mio turno. E finalmente questo venne.

8.5   Robert Katz, 'La luce era tremolante e scarsa', in *Morte a Roma. Il massacro delle Fosse Ardeatine* (Rome: Riuniti, 1996), 137–9.

On 23 March 1944, as fascists were celebrating the 25th anniversary of the founding of the fascist movement, a GAP unit carried out a successful attack against a German police battalion patrolling the streets of Rome. Thirty-three Germans were killed; in retaliation, Hitler ordered that ten Italians be executed for each German soldier killed. During the night of 23–24 March, the SS commander in Rome, Herbert Kappler, with the help of the Chief of Police, Pietro Caruso, compiled a list of 330 men and boys (another five were inadvertently added to the list in the confusion) ranging in age from 15 to 74. Among them were nearly 75 Jews scheduled to be deported to Auschwitz. Many families lost more than one member to the massacre including six members of the Di Consiglio family. The Ardeatine Caves are today a national landmark to the brutality of the Nazi occupation. Recently, a colleague of Kappler's, Erich Priebke, who handled the list of those to be executed and who killed two men himself, was tried, acquitted, tried again and placed under house arrest. The Priebke trial demonstrated that the Fosse Ardeatine massacre still resonates in Italian society, even as some tried to defend those responsible.

Nella parte piú profonda delle Cave ardeatine, un tedesco accese una torcia. Un medico teneva una torcia elettrica in mano, il capitano Erich Priebke una copia della lista di Kappler. Il capitano Schutz era pronto. Le esecuzioni stavano per cominciare.

Kappler tenne di nuovo un breve discorso ai suoi uomini, ricordando loro che gli ordini venivano dal Führer e che, quali ufficiali della Gestapo, ad essi spettava di dare l'esempio. 'In quel momento – disse piú tardi Kappler – ero sconvolto.'

Il primo plotone di cinque tedeschi si recò all'imboccatura delle cave. Fuori, nello spiazzo, i prigionieri stavano in piedi, all'aria frizzante del pomeriggio di primavera. Molti di essi non erano piú stati all'aperto dal mese di dicembre. Il sole era quasi alla stessa altezza della collinetta dentro alla quale erano state scavate le gallerie. Brillava sull'erba del ripiano, ma lasciava l'ingresso alle Ardeatine in ombra.

Il primo plotone prese cinque dei prigionieri in attesa e ogni tedesco scelse il suo uomo da uccidere. Dissero ai cinque italiani di seguirli. Legati l'uno all'altro, furono condotti all'estremità interna della galleria di centro. Lungo le pareti, soldati tedeschi reggevano delle torce per illuminare il percorso. Al secondo incrocio il plotone e le sue vittime svoltarono a sinistra e si arrestarono. Il capitano Priebke chiese loro il nome.

Soltanto il sabato precedente, in compagnia di una bella attrice italiana, Priebke aveva partecipato ad un gaio ricevimento ai Parioli in un appartamento in via Ruggero Fauro. Allo stesso party, per una strana coincidenza, Priebke aveva incontrato Peter Tompkins, l'agente clandestino dell'OSS. L'americano era stato presentato come un ricco fascista di una famiglia notissima. Tompkins era stato appena informato della cattura del sottotenente Giglio. Era apparso preoccupato dalla presenza dell'ufficiale della Gestapo, che lo aveva fissato sospettosamente piú di una volta nel corso della serata. I due uomini avevano bevuto abbondantemente. Il giorno dopo, Tompkins si chiese se in qualche modo avesse lasciato trasparire la sua vera identità. Un intimo di Tompkins gli disse: 'Quando ti riempi di gin … ti manca soltanto il contrassegno USA sulla schiena! Fortunatamente, il nostro amico Erich aveva tanta voglia di quella ragazza ed era tanto affaccendato a palparle il seno, che non credo si sia accorto di niente'.

Ora, Erich Priebke tirò una riga sui primi cinque nomi della lista. Ben presto egli avrebbe cancellato anche il nome del sottotenente Giglio.

I cinque prigionieri furono messi in ginocchio e fu loro ordinato di voltare la testa contro il muro. Essi non opposero resistenza. I carnefici si disposero dietro la schiena delle vittime. Un tedesco, con una torcia, stava alle spalle degli uomini che dovevano sparare.

La luce era tremolante e scarsa. Il maggiore Domizlaff, che faceva parte del primo plotone, disse piú tardi che 'Si vedeva appena il bersaglio contro cui si doveva sparare'. Il capitano Schutz stava di fianco, a lui spettava di dare l'ordine di far fuoco.

I cinque uomini attendevano la morte. Fra i primi a morire fu Domenico Ricci, l'impiegato trentunenne che soltanto un'ora prima era passato davanti allo spioncino rotto della cella di Andrea De Gasperis.

Ricci era il padre di cinque bambini. In tasca aveva un pezzo di carta, sul quale, in chiaro stampatello, il cattolico Ricci aveva scritto: 'Dio mio, grande Padre, noi ti preghiamo affinché tu possa proteggere gli ebrei dalle barbare persecuzioni. 1 Pater noster 10 Ave Maria 1 Gloria Patri'.

Schutz gridò: 'Pronti! Puntate! Fuoco!'.

Da un colle sopra le Ardeatine il guardiano di porci Nicola D'Annabile, che nascostamente stava spiando ciò che accadeva nello spiazzo sotto di lui, udì gli spari. Prese nota dell'ora: 3,30 pomeridiane.

Il medico tedesco illuminò colla torcia elettrica i caduti e li dichiarò morti.

8.6 Palmiro Togliatti, 'Dobbiamo liberare l'Italia dall'invasione straniera', speech in Naples, 2 April 1944; reprinted in Enzo Santarelli, *Mezzogiorno, 1943–1944* (Milan: Feltrinelli, 1999), 133–6.

Palmiro Togliatti (1893–1964; known also by his underground name 'Ercoli') was a colleague of Gramsci's in Turin and one of the principle founders of the Italian Communist Party in 1921. While Gramsci was imprisoned, Togliatti fled into exile, making his way to Moscow. The wily Togliatti managed to survive Stalin's murderous purges in the mid– 1930s and returned to Italy in the spring of 1944. His *svolta di Salerno* was a controversial political shift. Declaring that the first order of business was to defeat the nazifascisti, Togliatti announced that the PCI would work with the other antifascist parties, the Badoglio government, the Allies, and even the Monarchy and Catholic Church. Notice that in his speech, he downplays traditional communist rhetoric concerning class warfare and stresses a patriotic love of the nation. After the war, Togliatti became Minister of Justice, but his planned purge of fascists failed, partially because of his own actions.

Due fatti dominano oggi la situazione del nostro paese e la situazione internazionale e ci dettano la nostra linea di condotta. Il primo è che più della metà dell'Italia è ancora nelle mani dei banditi tedeschi. Il secondo è che la guerra contro la Germania hitleriana non è ancora vinta, quantunque Hitler già si trovi sull' orlo della catastrofe, a cui lo hanno spinto le vittorie grandiose dell'Esercito rosso e i successi delle armi anglo-americane. Dobbiamo liberare l'Italia dall'invasione straniera. Dobbiamo far sì che l'Italia prenda una parte effettiva alla guerra contro la Germania hitleriana. Non possiamo e non dobbiamo rimanere spettatori più o meno indifferenti di questa guerra. Questo sarebbe, non un errore, ma un delitto, e perché, dall'esito della guerra e dal contributo che daremo ad essa, dipende tutto il nostro destino – il destino degli operai, dei contadini, dei giovani, degli intellettuali, in una parola, il destino di tutta la nazione italiana. Ma per poter partecipare efficacemente alla guerra dobbiamo essere uniti.

La funzione dei lavoratori

Noi non possiamo ispirarci oggi a un sedicente interesse ristretto di partito, o a un sedicente interesse ristretto di classe. Sono le esigenze vitali e immediate del nostro paese che noi dobbiamo oggi difendere, e possiamo difendere efficacemente soltanto allargando e cementando sempre di più l'unità di tutti quelli che sono disposti, qualunque sia la loro fede e la loro tendenza politica, a battersi contro l'invasore. È il Partito comunista, è la classe operaia che deve impugnare la bandiera degli interessi nazionali, che il fascismo e i gruppi che gli dettero il potere hanno tradito. Sono i lavoratori italiani che debbono oggi difendere la nazione italiana della quale sono la forza essenziale, della quale rappresentano l'avvenire.

Non è per caso che gli operai sono stati dappertutto alla testa della lotta contro il fascismo che asserviva l'Italia all'imperialismo aggressivo di Hitler. Non è per caso che la classe operaia, e le masse lavoratrici in genere, danno il maggiore contingente alla resistenza eroica dei patrioti nella zona occupata. Non è neanche per caso che la ripresa industriale di cui si vedono già i primi albori nell'Italia liberata è dovuta in buona parte all'iniziativa degli operai.
[...]
Una delle prime e delle principali conseguenze è questa: che noi, comunisti, consideriamo assolutamente necessario che l'Italia, oggi, abbia un esercito, e un esercito forte, numeroso, disciplinato, bene armato, e penetrato da cima a fondo di fede patriottica e di spirito democratico. E alla testa dell'esercito vi devono essere degli uomini capaci, dei veri soldati, i quali comprendano che cosa attendono oggi da loro il popolo e il paese. L'epurazione dell' esercito dalle scorie del fascismo e dallo spirito fascista è una necessità. Essa deve servire e servirà a rafforzare il nostro esercito, rendendolo capace di combattere e di vincere. Questo è nell'inter-esse immediato tanto del popolo italiano, quanto degli alleati.
[...]
L'essenziale oggi, è l'unità delle forze nazionali. La situazione presente, in cui esiste da una parte un potere privo di autorità reale, perché privo di appoggio popolare, e, dall'altra parte, un vasto movimento popolare di massa organizzata ma privo di potere, nuoce al nostro paese, perché, lo divide, lo indebolisce e lo discredita.

Si può uscire da questa situazione? Io ritengo che i partiti anti-fascisti, pur senza rinunciare a nessuna delle loro posizioni di principio e precisando bene, come mi pare che sinora non sia stato fatto, i punti di un loro programma di guerra o di risanamento politico e materiale della vita del paese, debbono, tutti assieme, studiare questo problema con serietà e col senso preciso delle loro responsabilità.

L'epurazione

Quando parliamo di epurazione, noi formuliamo una necessità elementare di guerra, una condizione primordiale di una sana politica nazionale. Non si tratta né di esercitare vendette, né di erigersi a giudici di moralità. Meno ancora si tratta di eliminare dall'esercito, per esempio, quei quadri esperimentati e capaci che sono assolutamente necessari per fare la guerra. Si tratta di due cose. Una è che il nostro paese è stato portato alla catastrofe, e che le responsabilità di questo fatto non possono venire distrutte. L'altra, che oggi è l'essenziale, è che del fascismo, comunque si mascherino, ci impediscono di fare la guerra, sabotano lo sforzo di guerra della nazione, seminano nel popolo la confusione, il panico, il disfattismo; fanno di tutto per spezzare l'unità delle forze popolari, fanno di tutto per seminare malintesi e gettare germi di discordia tra gli italiani e gli alleati che, sul nostro suolo, conducono la guerra contro il nemico comune. Per questo bisogna essere implacabili. Ne va della nostra libertà e della nostra vita. Ho visto che i lavoratori di Napoli chiedono la condanna a morte del traditore hitleriano Tilena. È giusto. Non si vincono le guerre se si lascia mano libera agli agenti del nemico nelle retrovie.

Il nostro Partito

Abbiamo davanti a noi un cammino duro e difficilissimo di lavoro e di lotta. Con una linea politica chiara, esattamente rispondente ai bisogni del popolo, alle necessità urgenti della nazione in lotta per la sua libertà, uniti e disciplinati noi stessi, in accordo stretto coi nostri amici socialisti e in unione con tutte le forze antifasciste del paese, io sono convinto che riusciremo a percorrerlo. Il Partito comunista saprà essere pari ai suoi compiti.

8.7   Alcide Cervi, 'Perché ho deciso di raccontare', from *I miei sette figli* (Rome: Riuniti, 1995), 25–32, 137–44.

After the Armistice of 8 September 1943, a veritable civil war broke out in Italy. Germany sent reinforcements into the peninsula as nazis and fascists continued a desperate attempt to retain control of the country. The anti-fascist Resistance began military action, recruiting thousands of men and women from all walks of life. The nazis and fascists considered the partisans brigands and outlaws and treated them accordingly. Reprisals for partisan actions were swift and brutal. If the nazis and fascists were unable to execute the partisans, they would simply round up civilians to be massacred. The nazis imposed a ratio of ten civilians to be killed for every German soldier killed by partisan attacks. The most notorious atrocity took place in Marzabotto, near Bologna, where at least 1,830 people were massacred, with numerous women and children among them. As we have seen, another massacre of 335 men and young boys took place in the Ardeatine Caves, just outside of Rome, on 24 March 1944, also in retaliation for a partisan attack. Here is a first-hand account of a peasant from the Emilia Romagna region who recounts the fate of his seven sons, all antifascists. It is included here as representing the voice and almost unimaginable suffering of the peasantry under nazi-fascist rule.

Tu, Alcide Cervi, scrivi un libro? Io non ci ho mai pensato, a questo. Né avrei potuto farlo. Quando l'anno scorso andai a Genova, al Congresso dei partigiani, una madre mi abbracciò e mi disse: papa Cervi, anche a me hanno ammazzato il figlio. Era l'unico figlio. Ma che è uno, per te che ne hai perduti sette? Io le alzai il viso dalla spalla mia e dissi tu ne avevi uno, e quello ti hanno preso. Io ne avevo sette, e sette me ne hanno presi. È lo stesso. Non c'è diversità.

E che differenza c'è con la bambina Clara Cecchini, di Valla, che le hanno ucciso padre e madre? Aveva solo quell'amore, e gliel'hanno tolto. Era di otto anni, allora, e vennero i tedeschi a casa sua e dissero ai famigliari che uscissero sotto il pergolato, si mettessero bene in fila, che gli volevano fare la fotografia. La bambina si assestò i capelli, e volle dare la mano alla madre, in fila con gli altri. I tedeschi con una sventagliata di mitra li massacrarono tutti. E lei, Clara, restò solo ferita, ma non si mosse vicino al padre e alla madre morti, e restò lì come un cadaverino finché non vennero i partigiani.

E che paragone c'è con la madre di la Bettola, che allorquando i tedeschi per odio bruciarono persone umane in piazza, le strapparono il figlioletto dalle braccia e lo buttarono nel fuoco?

Questi sono i dolori grandi, che offendono la vita. Io avevo sette figli, cresciuti con quarant'anni di fatiche, e mi preparavo a togliere il fastidio, che già arrivavo alla settantina. Invece mi hanno mietuto una generazione di maschi, e la madre è andata via con loro dopo un anno, cosí io sono rimasto con quattro donne e undici nipoti piccoli, con un fondo di 56 biolche, da lavorare. Hai tempo per soffrire, hai tempo come la madre di la Bettola, che si trova piú libera di prima, piú libera di pensare al bambino suo? La vita non mi ha offeso, voglio dire, mi ha aiutato perché dovevo campare ancora qualche anno, avere ancora forza di lavorare, per tirare su un'altra generazione, e prima non dovevo morire. Eppure, non mi sono distratto mai dai figli. È tante volte che racconto la storia loro, e mi ci sono abituato, ma ogni tanto sento le parole mie e mi sembra ancora impossibile, rimango ammutolito e allora sento la morte. Ho ottant'anni, adesso [1955] e posso pure togliere il disturbo, perché i nipoti sono cresciuti e sostituiscono i miei figli.

Ecco perché finora non ho pensato al libro. L'importante era salvare la famiglia e la terra. E parlare, predicare, in memoria loro, la pace e l'antifascismo. Questo l'ho fatto, ma oggi posso fare qualcosa di piú, perché ho smesso di lavorare e mi hanno messo in pensione, però io taglio lo stesso il fieno e accomodo le sedie. Non serve a niente, ma a me serve. La notte, quando il sonno se ne va leggo, e in una di queste veglie ho pensato: se raccontassi la storia dei figli miei? Tante cose non le ricordo, perché il dolore ha falciato la memoria, ma un padre di famiglia si fa sempre intendere sui figli. La storia della mia famiglia non è straordinaria.

Vedete, qui a Reggio ci sono i cinque Manfredi, fucilati dai fascisti, e i tre Miselli. Da noi trovate famiglie unite come le dita di una mano, e sono unite perché hanno una religione: il rispetto dei padri, l'amore al progresso, alla patria, alla vita e alla scienza. E soprattutto, noi, contadini emiliani, amiamo la patria e il progresso. Cosí non si ha paura di morire. Avete mai visto quelli che quando parlano in pubblico diventano rossi? Non è mica perché sono timidi e modesti, ma perché sono superbiosi. Mica vedono la gente, vedono solo la persona loro e si impressionano che li guardano. Cosí quando la morte li guarda sentono paura e si trovano soli, perché hanno terrore della morte come avevano paura della vita. Il sole non nasce per una persona sola, la notte non viene per uno solo. Questa è la legge, e chi la capisce si toglie la fatica di pensare alla sua persona, perché anche lui non è nato per una persona sola. I miei figli hanno sempre saputo che c'era da morire per quello che facevano, e l'hanno continuato a fare, come anche il sole fa l'arco suo e non si ferma davanti alla notte. Cosí lo sapevano i Manfredi, i Miselli, i tanti partigiani morti, e non si sono fermati davanti alla morte.

E ora essi sono con noi in questa terra di Emilia dove le viti si abbracciano alle tombe, dove un lume e un marmo è la semente di ogni campo, la luce di ogni strada.

[…]

Correvo in bicicletta e lungo il Crostolo un codazzo di gente era sotto gli alberi, per via del bombardamento. Arrivo a case alle 23 e tutti dormivano. Entro, chiamo e per incoscienza guardo l'attacca-panni, i figli non erano tornati. Viene giú Genoveffa, e le nuore, mi baciano, mi abbracciano forte, mi chiedono come sto, mi portano in cucina e mi fanno bere caldo. Dei figli nessuno parlava e allora chiedo io:

'Si sa niente dei figli?'

La moglie risponde come distratta:

'Se non lo sai tu, noi non sappiamo niente.'

Allora io capisco che bisogna tirarla su di morale e dico:

'Li hanno portati a Parma per il processo, me lo ha detto Pedrini e poi anche l'avvocato Mariani. I figli sono bravi per i processi, vedrai che prima o poi ce li rivedremo a casa.'

Ma lei non prendeva passione a discutere, e le nuore tacevano, si davano da fare intorno a me per ristorarmi.

'E se non li avessero portati a Parma, se fosse una bugia?' diceva la moglie che provava a sentire il mio stato d'animo.

E io insistevo a incoraggiarla.

'Se non li hanno portati a Parma li avranno deportati in Polonia a lavorare, figurati, con quell'allenamento che hanno.'

Mia moglie smise di parlare su questo perché capí che io non sapevo. Andammo a letto e mi disse di dormire tranquillo, e mi diede un bacio. Per un mese e mezzo non mi disse parola sui figli.

Aspettava sempre che mi rimettessi dall'ulcera e dalla prigione, e cosí ogni sera andava a letto con il segreto nel cuore e in piú con me che non capivo e parlavo di loro come se fossero vivi. Dicevo, quando torna Ferdinando bisogna dirgli che gli alveari vanno rinnovati, e Aldo lo mando a cercare un capo di bestiame svizzero, e Gelindo deve trovare il concentrato che è finito. La madre taceva mentre io la torturavo. Un giorno provò a farmi capire di piú, mi disse:

'I nostri figli non torneranno, non vedi quanti morti per le strade che non si riconoscono, tra loro ci saranno anche i nostri figli.'

E io, cocciuto: 'Tu sempre a far male profezie, sei stata sempre cosí, tu.'

Allora la moglie ruppe la pazienza e disse:

'I nostri figli non torneranno piú. Sono stati fucilati tutti e sette.'

Io rimasi fermo e zitto, poi chiesi senza chiedere: 'Non torneranno piú?'

E la moglie: 'No, non torneranno piú, sono morti tutti e sette.'

Le nuore mi si avvicinarono, e io piansi i figli miei. Poi, dopo il pianto, dissi: 'Dopo un raccolto ne viene un altro. Andiamo avanti.'

Dopo che avevo saputo, mi venne un rimorso. Non avevo capito niente, e li avevo salutati con la mano, l'ultima volta, speranzoso, che andavano al processo e gliela avrebbero fatta ai fascisti, loro cosí in gamba e pieni di stratagemmi. E invece andavano a morire. Loro sapevano, ma hanno voluto lasciarmi l'illusione, e mi hanno salutato sorridendo: con quel sorriso mi davano l'ultimo addio. Figli, perché avete avuto pietà della vecchiezza mia, perché non mi avete detto che andavate alla fucilazione? Avrei urlato ai fascisti, come ho sempre fatto, e forse non sareste morti. Adesso che mi hanno detto tutto, e i vostri compagni di carcere mi hanno ripetuto le frasi vostre, il rimorso mio è grande.

Quando la guardia fascista ci disse: andate a dormire, sarà per domattina, tu Gelindo rispondesti: 'Cosa volete che andiamo a dormire, è tanto che dormiamo e andiamo verso il sonno eterno.' Ma quella frase io non la sentii, ché altrimenti avrei capito. E quando tu, Ettore, il piú piccolo e il piú caro, lasciasti il tuo maglione bianco a Codeluppi, io ti chiesi: 'Perché lo lasci? A Parma farà freddo.' E tu mi sorridesti, senza rispondermi. Ma ora ho saputo che a Codeluppi avevi detto: 'Perché farlo bucare? È nuovo e tienilo per tuo figlio, almeno servirà a qualcosa.' Perché avete fatto cosí, figli miei? È colpa mia se ho sempre creduto in voi, che nessuno l'avrebbe vinta su di voi? Non è sempre stato cosí, quando eravamo insieme e tornavate vincitori dai processi, dai carceri, dalle lotte coi fascisti, dai colpi partigiani? Ma alla morte, alla morte non ci avevo mai pensato. Ben meritato è il rimorso, per me superbioso, che vi credevo intoccabili dalla morte. E se anche in carcere lo dicevo, che potevate essere morti, il sangue non ci credeva, e si ribellava. Ma i padri e le madri sono fatti cosí, adesso lo capisco. Pensano che loro moriranno, che anche il mondo morirà, ma che i loro figli non li lasceranno mai, nemmeno dopo la morte, e che staranno sempre a scherzare coi loro bambini, che hanno cresciuto per tanti anni, e la morte è un'estranea. Che ne sa la morte dei nostri sacrifici, dei baci che mi avete dati fino a grandi, delle veglie che ho fatto io sui vostri letti, sette figli, che prendono tutta una vita. E tu, Gelindo, che eri sempre pronto alla risposta, ora non mi conosci piú e non mi rispondi? E tu, Ettore, che nell'erba alta dicevi: non ci sono piú. Ora l'erba alta ti ha coperto tutto, e non ci sei piú. E tu, Aldo, tu cosí forte e piú astuto della vita, tu si sei fatto vincere dalla morte?

Maledetta la pietà e maledetto chi dal cielo mi ha chiuso le orecchie e velati gli occhi, perché io non capissi, e restassi vivo, al vostro posto! Niente di voi sappiamo piú, negli ultimi momenti, né una frase, né uno sguardo, né un pensiero. Eravate tutti e sette insieme, anche davanti alla morte, e so che vi siete abbracciati, vi siete baciati, e Gelindo prima del fuoco ha urlato: 'Voi ci uccidete, ma noi non morremo mai!'

È vero, figli miei, vostro padre aveva ragione, il sangue diceva

213

giusto, voi non potete morire. E questa è la forza che mi fa andare avanti, non mi fa piegare dal sentimento, altrimenti sarei venuto con voi presto, come la mamma vostra. Cosí io soffrivo e pensavo il giorno e la notte, ma come mia moglie aveva nascosto a me il suo cuore per un mese e mezzo, io lo nascosi a lei per incoraggiarla. Poi, la certezza della loro causa, i partigiani, le donne, i compagni, gli operai, i fiori, le lapidi, gli affetti, che da tutte le parti abbracciano i miei figli, mi hanno dato forza enorme che mi fa resistere alla tragedia.

Questa forza è diventata piú chiara negli ultimi anni, ma non l'ho perduta mai, nemmeno nel momento che la madre mi disse della fucilazione. Dopo mi hanno raccontato come si erano svolti i fatti che avevano portato all'uccisione.

Un gappista, il 27 dicembre, fece giustizia del segretario fascista di Bagnolo in Piano. I gerarconi della provincia si riunirono funebremente la notte stessa davanti al morto, e giurarono vendetta: 'Uno contro dieci' gridavano quelli che avevano imparato dai tedeschi. Il federale legge un elenco di nomi, ma qualcuno suggerisce l'idea: 'Fuciliamo i sette fratelli Cervi.' 'Buona l'idea, il camerata è intelligente', e si decide cosí.

Infatti li portano al poligono di tiro, e sulla arena si fa avanti don Stefano, quello che avevamo conosciuto in carcere, e gli chiede se vogliono confessarsi. I miei gli rispondono che non hanno peccati da pentirsi, e i fascisti sono contenti, perché hanno una gran fretta. Il capoplotone chiede ai militi chi vuole avere l'onore di sparare, e un milite di nome Vulcano dice: chiedo l'onore, e cosí altri, finché bastano.

Don Stefano, in seguito, ha detto che i miei sono morti da cinici, e invece lui è sopravvissuto da cinico, perché il suo posto di cristiano era con gli innocenti, e non con i carnefici. Ma ormai quello che è fatto è fatto.

Le nuore mi hanno poi raccontato come hanno saputo della morte. La Irnes e mia figlia Diomira vennero il 28 in città, perché la madre diceva: io non posso girare, andate voi, ma ditemi sempre la verità. In piazza a Reggio sentirono gli strilloni che gridavano il giornale, ma il comunicato non faceva i nomi, e allora chiesero un colloquio, che se non glielo accordavano era segno che i fucilati erano loro. Andarono a San Tomaso, e quando chiesero di portare dolci e di voler parlare con i familiari, sempre le lasciavano indietro e davano retta alle altre donne. Allora Irnes si mise a protestare perché la lasciavano indietro. Alla fine il fascista disse: voi aspettate un momento. Entrò in ufficio e poi ritornò e disse che roba per i Cervi non la poteva prendere. Irnes chiese perché, e il fascista sempre con la solita storia che li avevano portati per il processo a Parma. Tornò la mattina dopo Irnes, insieme a Massimo, e andò in questura a sentire. Gli risposero che lo avrebbe saputo alla fine della guerra, e che non facesse domande. La nuora chiese allora che gli accordassero un colloquio con me, ma i fascisti dissero che non facesse troppe domande e la cacciarono via. Massimo invece aveva saputo la verità dal capoguardia Pedrini. I figli erano sepolti a Villa Ospizio e durante il bombardamento le bare si erano scoperchiate.

A casa, Genoveffa aveva lasciato la direzione dei lavori alla nuora piú anziana, Margherita, e lei si era tenuta solo i lavori di cortile. Una mattina aprí lo sportello di una gabbia dei conigli ma a richiuderla non si fermava, e allora disse: come si vede che non ci sono piú i figli miei, le cose nessuno le accomoda piú. Allora il nipote piccolo che era lí con lei, il figlio di Agostino, si fa su e dice: ci sono io, nonna. Alle parole del nipote scoppiò a piangere col bambino tra le braccia, e disse: è vero, piccolo, ci siete voi, perdonate alla nonna che vi aveva scordati. E da quel giorno fu tutta per gli undici nipoti. Ma gli occhi suoi non erano piú di questa terra, e le mani avevano imparato meglio a fare da sole, perché la mente era lontano, coi figli suoi. Io la scuotevo ogni tanto e cercavo di incoraggiarla, ma era come quando tornai dal carcere, che mi guardava con pena. Cosí lei se ne andava e non leggeva piú e non s'affacciava nemmeno piú in chiesa, che diceva come Gesú sulla croce: 'Dio, Dio, perché mi hai abbandonato?'

E i fascisti continuavano l'odio. Un cugino proprietario diceva che ben ci stava, e un giorno che non c'ero io disse a Genoveffa: 'Ora, le nuore si rimariteranno e porteranno via i bambini, e tu resterai sola.' Ma lei gli urlava sulla voce e diceva che i figli suoi erano morti per una causa giusta, e questo bastava. Ma non erano solo le frasi a vomitarci i fascisti. Ci avevano bruciato la casa quando ci arrestarono, poi ci ammazzarono i figli, ma non gli bastava e vennero a bruciarci ancora il 10 ottobre del '44. A quella data eravamo solo due vecchi, quattro donne e undici bambini. Ma per i fascisti, anche vecchi, donne e bambini erano cose da bruciare. Cosí vennero ladramente di notte e diedero fuoco al fienile, poi scapparono via.

Usciamo dalla casa e ci mettiamo a gettar acqua, con i bambini e tutti. Genoveffa quando vide le fiamme, risentí quella notte, quegli spari, quei figli con le mani alzate nel cortile, e gli addii, e il furgone che parte. Cosí cadde di colpo e il cuore non resse, gli era venuto l'infarto. Rimase a letto per un mese, e il pensiero suo era per i nipoti. Voleva almeno cucire qualche cosa, ma doveva stare ferma nel letto senza nemmeno voltarsi sul fianco. Morí il 14 novembre del 1944, senza avere conoscenza. Solo durante l'agonia aveva detto: torno a stare con i figli miei.

E i figli suoi erano già nel cuore dei tanti partigiani che si andavano organizzando, e nascevano i battaglioni 'Cervi' e l'odio per il tedesco si ingrandiva nelle campagne e nelle città. Finché le mura del carcere crollarono e si aprí sull'Italia il cielo della liberazione.

9 Fascism, the First Republic and history

9.1 Ada Gobetti, 'Incominciava un'altra battaglia', in *Diario partigiano* (Turin: Einaudi, 1996), 15, 412–14.

In the early days of fascism, Ada and Piero Gobetti were among the leading intellectual voices against the regime. Closely tied to their native city of Turin, they collaborated on such important journals as *Energie Nuove* and *La Rivoluzione Liberale*. After Piero's death from a vicious beating by fascist squadristi, Ada supported herself and family by writing, teaching English and translating English literature into Italian. As a partisan in the Piedmont region in northwest Italy, Ada Gobetti (1902–68) was responsible for inspecting antifascist units in the countryside. Promoted to commander of a Giustizia e Libertà brigade, she set down her thoughts immediately after the war. Published for the first time in 1956, her *Diario partigiano* is recognized as one of the classics of Resistance literature.

Dedico questi ricordi ai miei amici: vicini e lontani; di vent'anni e di un'ora sola. Perché proprio l'amicizia – legame di solidarietà, fondato non su comunanza di sangue, né di patria, né di tradizione intellettuale, ma sul semplice rapporto umano del sentirsi uno con uno tra molti – m'è parso il significato intimo, il segno della nostra battaglia. E forse lo è stato veramente. E soltanto se riusciremo a salvarla, a perfezionarla o a ricrearla al disopra di tanti errori e di tanti smarrimenti, se riusciremo a capire che questa unità, quest' amicizia non è stata e non dev'essere solo un mezzo per raggiungere qualche altra cosa, ma è un valore in se stessa, perché in essa forse è il senso dell'uomo – soltanto allora potremo ripensare al nostro passato e rivedere il volto dei nostri amici, vivi e morti, senza malinconia e senza disperazione.

[…]

All'imboccatura di Via Garibaldi, completamente deserta, una squadra di partigiani mi sbarrò il passo. 'Non si può passare. Sparano,' dissero. Mostrai loro il distintivo, la carta del C.L.N. e mi lasciarono andare. Avanzavo rapidamente lungo la strada vuota, pensando che i 'cecchini' eran pura fantasia, quando sentii fischiare un proiettile che andò a piantarsi nel muro a pochi centimetri sopra la mia testa. Dunque i 'cecchini' c'erano, anche se la loro mira era imperfetta. Continuai la mia strada, internamente accusandomi: il mio non era coraggio ma stupidaggine; di fronte alle responsabilità che m'attendevano, non avevo il diritto di rischiar la vita per una bravata incosciente. Giurai a me stessa che non l'avrei fatto piú.

A casa, dopo un momento, arrivarono anche Paolo ed Ettore. Mangiammo qualcosa in fretta, poi io decisi d'andare a cercar Mario Andreis. Volevo dirgli quel che avevo fatto, quel che intendevo fare, sentirmi in qualche modo appoggiata, guidata nel non facile compito che m'attendeva.

Ettore e Paolo decisero d'accompagnarmi. Non avevo la mia bicicletta (me la riportarono piú tardi) ed Ettore mi prese in canna. Attraversammo la città, assolutamente quieta e deserta. Da Mario m'accorsi subito che né l'uno né l'altro avevan voglia di starmi a sentire: eran stanchi, storditi, presi ognuno da mille problemi, mille preoccupazioni. 'Bene, bene,' rispondeva Mario a tutto quel che dicevo. 'Hai fatto benissimo; come fai tu, va bene.' E aveva una gran fretta di mandarci via: 'È meglio che non andiate in giro di sera tardi,' diceva. Tornammo a casa in silenzio. Ce ne andammo a dormire nei letti che l'inestimabile Anna aveva rifatto e ripulito. Ma, per quanto fossi stanchissima non mi riusciva di dormire.

Pensavo a tutto quel ch'era accaduto in quella lunghissima giornata; ma pensavo soprattutto al domani. I colpi d'arma da fuoco che si sentivano ancora lontano, di quando in quando, mi ricordavano che, nonostante l'esaltazione festosa di quel giorno, la guerra non era ancora finita; sapevo che grosse forze tedesche erano ancora a poca distanza da Torino, a Grugliasco, nel Canavese. Ma non era questo in fondo che mi preoccupava. La lotta cruenta – anche se si potevano avere ancora degli episodi terribili (come effettivamente si ebbero, per esempio a Grugliasco) – era virtualmente terminata. Il Reich, secondo la profetica iscrizione letta nel Comando francese di Plampinet, era veramente *en ruines*. Presto sarebbero giunti gli Alleati. Non ci sarebbero piú stati bombardamenti, incendi, rastrellamenti, arresti, fucilazioni, impiccagioni, massacri. E questa era una grande cosa.

E neanche mi spaventavano le difficoltà pratiche, materiali, che bisognava affrontare per ricostruire un paese disorganizzato e devastato: ché le infinite risorse del nostro popolo avrebbero trovato per ogni cosa le piú impensate e impensabili soluzioni.

Confusamente intuivo però che incominciava un'altra battaglia: piú lunga, piú difficile, piú estenuante, anche se meno cruenta. Si trattava ora di combattere non piú contro la prepotenza, la crudeltà e la violenza – facili da individuare e da odiare, – ma contro interessi che avrebbero cercato subdolamente di risorgere, contro abitudini che si sarebbero presto riaffermate, contro pregiudizi che non avrebbero voluto morire: tutte cose assai piú vaghe, ingannevoli, sfuggenti.

E si trattava inoltre di combattere tra di noi e dentro noi stessi, non per distruggere soltanto, ma per chiarire, affermare, creare; per non abbandonarci alla comoda esaltazione d'ideali per tanto tempo vagheggiati, per non accontentarci di parole e di frasi, ma rinnovarci tenendoci 'vivi'. Si trattava insomma di non lasciar che si spegnesse nell'aria morta d'una normalità solo apparentemente riconquistata, quella piccola fiamma d'umanità solidale e fraterna che avevam visto nascere il 10 settembre e che per venti mesi ci aveva sostenuti e guidati.

Sapevo che – anche caduta, con l'esaltazione della vittoria, la meravigliosa identità che in quei giorni aveva unito quasi tutto il nostro popolo – saremmo stati in molti a combattere questa dura battaglia: gli amici, i compagni di ieri, sarebbero stati anche quelli di domani. Ma sapevo anche che la lotta non sarebbe stato un unico sforzo, non avrebbe avuto piú, come prima, un suo unico, immutabile volto; ma si sarebbe frantumata in mille forme, in mille aspetti diversi; e ognuno avrebbe dovuto faticosamente, tormentosamente, attraverso diverse esperienze, assolvendo compiti diversi, umili o importanti, perseguir la propria luce e la propria via.

Tutto questo mi faceva paura. E a lungo, in quella notte – che avrebbe dovuto essere di distensione e di riposo – mi tormentai, chiedendomi se avrei saputo esser degna di questo avvenire ricco di difficoltà e di promesse, che m'accingevo ad affrontare con trepidante umiltà.

28 aprile 1949

9.2 Constitution of the Italian Republic at <www.costituzione.it>

The Constitution of the new Italian Republic was drafted by the Constituent Assembly elected on 2 June 1946, completed on 22 December 1947 and came into force on 1 January 1948. As the central document characterizing Italy's transformation from a monarchy to a republic, critics contend that it has created as many problems as it solved. The highly politicized division of the country is here clearly evident: the Constitution was an attempt to synthesise Liberal, Marxist and Christian ideals.

Principi fondamentali

1. L'Italia è una Repubblica democratica, fondata sul lavoro.

    La sovranità appartiene al popolo, che la esercita nelle forme e nei limiti della Costituzione.
2. La Repubblica riconosce e garantisce i diritti inviolabili dell' uomo, sia come singolo sia nelle formazioni sociali ove si svolge la sua personalità, e richiede l'adempimento dei doveri inderogabili di solidarietà politica, economica e sociale.
3. Tutti i cittadini hanno pari dignità sociale e sono eguali davanti alla legge, senza distinzioni di sesso, di razza, di lingua, di religione, di opinioni politiche, di condizioni personali e sociali.

    È compito della Repubblica rimuovere gli ostacoli di ordine economico e sociale, che, limitando di fatto la libertà e l'eguaglianza dei cittadini, impediscono il pieno sviluppo della persona umana e l'effettiva partecipazione di tutti i lavoratori all'organizzazione politica, economica e sociale del Paese.
4. La Repubblica riconosce a tutti i cittadini il diritto al lavoro e

promuove le condizioni che rendano effettivo questo diritto.

Ogni cittadino ha il dovere di svolgere, secondo le proprie possibilità e la propria scelta, un'attività o una funzione che concorra al progresso materiale o spirituale della società.

5. La Repubblica, una e indivisibile, riconosce e promuove le autonomie locali, attua nei servizi che dipendono dallo Stato il più ampio decentramento amministrativo; adegua i principi ed i metodi della sua legislazione alle esigenze dell'autonomia e del decentramento.

6. La Repubblica tutela con apposite norme le minoranze linguistiche.

7. Lo Stato e la Chiesa cattolica sono, ciascuno nel proprio ordine, indipendenti e sovrani.

I loro rapporti sono regolati dai Patti Lateranensi. Le modificazioni dei Patti, accettate dalle due parti, non richiedono procedimento di revisione costituzionale.

8. Tutte le confessioni religiose sono egualmente libere davanti alla legge.

Le confessioni religiose diverse dalla cattolica hanno diritto di organizzarsi secondo i propri statuti, in quanto non contrastino con l'ordinamento giuridico italiano.

I loro rapporti con lo Stato sono regolati per legge sulla base di intese con le relative rappresentanze.

9. La Repubblica promuove lo sviluppo della cultura e la ricerca scientifica e tecnica.

Tutela il paesaggio e il patrimonio storico e artistico della Nazione.

10. L'ordinamento giuridico italiano si conforma alle norme del diritto internazionale generalmente riconosciute.

La condizione giuridica dello straniero è regolata dalla legge in conformità delle norme e dei trattati internazionali.

Lo straniero, al quale sia impedito nel suo paese l'effettivo esercizio delle libertà democratiche garantite dalla Costituzione italiana, ha diritto d'asilo nel territorio della Repubblica, secondo le condizioni stabilite dalla legge.

Non è ammessa l'estradizione dello straniero per reati politici.[1]

11. L'Italia ripudia la guerra come strumento di offesa alla libertà degli altri popoli e come mezzo di risoluzione delle controversie internazionali; consente, in condizioni di parità con gli altri Stati, alle limitazioni di sovranità necessarie ad un ordinamento che assicuri la pace e la giustizia fra le Nazioni; promuove e favorisce le organizzazioni internazionali rivolte a tale scopo.
12. La bandiera della Repubblica è il tricolore italiano: verde, bianco e rosso, a tre bande verticali di eguali dimensioni.

[1] V. però la prima cost. 21 giugno 1967, n. 1, Estradizione per i delitti di genocidio.

9.3   Renzo De Felice, 'La *vulgata* resistenziale', in *Rosso e nero* (Milan: Baldini & Castoldi, 1995), 12–25.

Renzo De Felice was considered one of the foremost historians of fascism. Professor of Contemporary History at the University of Rome, he was also director of the journal *Storia contemporanea* and editor of the *Journal of Contemporary History*. His monumental seven-volume biography of Mussolini (the last volume published posthumously) forced a reconsideration of the Italian dictator. Based on extensive archival research, De Felice claimed it was time to examine Mussolini from an 'objective' point of view, but he was criticized by some for 'rehabilitating' Mussolini. In *Rosso e nero*, De Felice addresses the controversy generated from his work: he argues here that the Resistance has generated its own mythology and has alienated many Italians from the state. More specifically he argues that there exists a Resistance *vulgata* that censors any debate and forces historians, intellectuals and citizens to accept a historiography based on myth. In the place of this mythologized historiography, De Felice argues for one that is based on a 'scientific' and 'objective' methodology.

A cinquant'anni dalla sua conclusione, la Resistenza costituisce ormai qualcosa di lontano, più di quanto cinque decenni giustifichino, e di sostanzialmente mal noto. Avulsi dal loro naturale contesto, i contorni della Resistenza sfumano nel vago. Così fascisti, tedeschi e Alleati restano il più delle volte controparti senza volti, che fanno pensare ai cori di certe tragedie classiche, e i partigiani con le non meglio identificate masse che sarebbero state loro dietro (ma delle quali la storiografia resistenziale non approfondisce presocché mai il reale atteggiamento e le sue motivazioni) diventano gli unici protagonisti. Nonostante il gran parlare e scrivere che se ne è fatto, numerose sono infatti le pagine della sua storia ancora bianche o reticenti e soprattutto trattate con un *animus* non solo più ideologico-politico che storico, ma chiaramente dipendente dal mutare delle circonstanze e delle strategie politiche.

Caratteristico è il giudizio sulla presenza cattolica, prima minimizzata al massimo, poi accusata di scarsa impegno e di anticomunismo pregiudiziale, infine valorizzata anche oltre il lecito, il tutto adeguandosi puntualmente all'evoluzione dei rapporti PCI-DC. Perciò la Resistenza è venuta assumendo agli occhi dei più, e in specie dei giovani che ne ignorano la dimensione esistenziale, una sorta di mito che non suscita altri effetti che non siano la noia e il disinteresse oppure il desiderio di sentire altre campane.

A questa situazione di fatto non sono mancati – soprattutto negli anni Settanta – tentativi di reagire estendendo e approfondendo la ricerca ad alcune almeno delle 'zone d'ombra' che la storiografia resistenziale ufficiale non aveva sino allora preso in considerazione o non aveva ritenuto opportuno affrontare, un po' per non turbare l'armonia del quadro che in un quarto di secolo aveva delineato e accreditato a tutti i livelli, un po' perché essa stessa prigioniera della *vulgata* alla quale aveva dato vita. I risultati erano stati per altro scarsi, sia perché all'origine di tali tentativi erano ancora, piuttosto che motivazioni di natura scientifica, ragioni ideologico-politiche frutto delle contrapposizioni interne alla sinistra determinate dal Sessantotto, sia perchè la tematica resistenziale rimase appannaggio di studiosi e di pubblicisti, anche di valore, ma che continuavano a concepirne lo studio in un'ottica politica e ad affrontarlo senza uscire dagli schemi tradizionali.

A un principio di 'svolta' si è giunti solo in conseguenza della caduta del muro e al crollo del regime sovietico, allorché molte certezze ideologiche sono andate in frantumi e gli archivi russi hanno cominciato a mettere a disposizione degli studiosi una documentazione sino a quel momento a essi preclusa e che, pur indirettamente, incide anche sulla *vulgata* resistenziale …

Le celebrazione del cinquantesimo anniversario della Guerra di liberazione e i pochi (e, salvo pochissime eccezioni, di modesto spessore) interventi più propriamente storico-culturale che le hanno punteggiate, hanno messo in luce la centralità della Resistenza in tutta la vicenda politico-culturale successiva, ma anche come essa sia vista oggi dalla gran maggioranza dei politici e degli intellettuali attivi nel clima della Prima Repubblica in un'ottica forse anche più politica che in passato. Nel crollo delle ideologie in genere e in particolare dei tanti valori considerati sino a ieri 'forti', la Resistenza rimane uno dei pochissimi appigli per tentare di trovare la ragion d'essere, la legittimazione del proprio potere e della propria partecipazione a un sistema altrimenti indifendibile politicamente ed eticamente …

Non meraviglia quindi che – contrariamente a quanto avvenuto in altri paesi e in particolare in Francia – da noi il cinquantesimo anniversario della Resistenza (e della RSI) non abbia dato luogo (almeno sino a oggi) a un vero dibattito storiografico. E non sorprende che le poche prese di posizione avutesi siano state pressoché tutte di tipo tradizionale ovvero volte a spostare il discorso su terreni diversi da quello della realtà del 1943–1945: quello dell'antifascismo, quello della (presunta) identità tra fascismo e nazismo, quello della Resistenza come guerra civile e dei suoi caratteri, quello della posizione dei comunisti rispetto alla democrazia e soprattutto quello del 'nesso irrinunciabile' tra Resistenza e Costituzione repubblicana e della 'nuova forma di patriottismo' (non più 'della Nazione', ma 'della Costituzione') che da esso discenderebbe …

Ora, la domanda d'obbligo è: perché, dopo cinquant'anni, la cultura di questo paese non è riuscita e, tutto sommato, non vuole fare, salvo poche eccezioni, i conti con la storia del proprio passato? Ha creato solo una serie di alibi che assumono la forma dell'autocommiserazione e della denigrazione di un popolo che il ceto intellettuale non conosce o al quale attribuisce i tratti più adatti a mancare la propria differenza.

A domanda risposta: manca l'*habitus* scientifico, mancano i veri studiosi, manca una visione del mondo capace di far guardare al di là del pragmatismo politico. La crisi delle ideologie è ancora qualcosa di esterno e di subìto. Tant'è che spesso nei cervelli si annida ancora, per dirla di nuovo con Kundera, il 'nodino' dell'autoritarismo culturale del socialismo reale. La spiegazione del fatto che temi fondamentali per fare i conti con la propria storia, come quello dell'8 settembre, la Resistenza, la RSI, e come quello, strettamente conesso, sulle tensioni disintegrative che percorrono la società italiana d'oggi, non decollino e vengano vissuti dalla comunità intellettuale come un indistinto e sgradito rumore di fondo, è tutta qui.

L'antifascismo non può costituire l'unica discriminante per capire il significato storico della Resistenza. Ne consegue che la 'patente' antifascista non può sostituire la 'patente' democratica, che il biennio 1943–1945 va interpretato nel più vasto alveo della crisi collettiva che condizionò le vicende di allora e influenza quelle di oggi, che la gerarchia di valore della purezza antifascista al cui vertice subito si insediò il PCI non trova più corrispondenza (se mai l'ha veramente trovata) nella maggioranza degli italiani.

Né fascisti, né antifascisti, né comunisti, né anticomunisti sono legittimati a spiegare alla gente quanto è avvenuto, quanto sia stato importante, decisivo per la storia dell'Italia di oggi quel biennio. E, del resto, la gente non ha più fiducia in essi e li considera venditori di miti a cui non crede più e ai quali attribuisce buona parte delle responsabilità per la situazione nella quale si trova l'Italia e, quel che è più grave, estende questo giudizio negativo, sulla loro ricostruzione della storia, alla storia tout court. Con la conseguenza di accrescere quella crisi di identità che, in un contesto generale meno degradato, già vent'anni fa, lo si è detto, Rosario Romeo giustamente paventava. E che oggi è sempre più difficile frenare.

9.4 Nicola Tranfaglia, 'L'eredità del fascismo e l'Italia repubblicana', in *Un passato scomodo. Fascismo e postfascismo* (Rome, Bari: Laterza, 1996), 5–10.

Nicola Tranfaglia, originally from Naples, has been Professor of Contemporary History at the University of Turin since 1976. He is a major contributor to Italian historiography and has written or edited dozens of books, most notably *Carlo Rosselli* (1968), *Labirinto italiano: Il fascismo, l'antifascismo, gli storici* (1989), *La mafia come metodo* (1991), *Mafia, politica, affari* (1992), and, with M. Ridolfi, *1946. La nascita della Repubblica* (1996). Here he argues that fascism has created 'an uncomfortable past' for the Italians and laments the long-lasting effects of fascism into the postwar period.

Da quando, pochi anni addietro, affondava il vecchio sistema politico varato all'indomani del 1945, gli italiani hanno avvertito la difficoltà di voltare davvero pagina e di sostituire una classe politica ormai screditata. Contemporaneamente è diventata difficoltosa anche la rilettura del recente passato e i rapporti che quel passato ha con il presente in cui viviamo.

La confusione ha le sue radici nella crisi che l'Italia sta vivendo da due decenni e che ha assunto negli ultimi anni un carattere più rapido e devastante. Ma essa è accresciuta da una tendenza assunta dai grandi mezzi di comunicazione di massa: la tendenza al 'sensazionalismo televisivo' che consiste nel privilegiare ogni opinione che faccia scandalo, ogni tesi che susciti polemiche tra gli addetti ai lavori, ogni novità in quanto tale, indipendentemente dal suo fondamento scientifico e culturale.

A sua volta una simile tendenza è lo specchio della completa vittoria che il modello della televisione commerciale (trattenimento, evasione, eccitazione al posto dell'informazione) ha conseguito negli anni ottanta prima sulla televisione pubblica, poi sui quotidiani e sui settimanali, e che vede gli uni e gli altri alla disperata e vana rincorsa del mezzo televisivo. Tutti ignorano quello che è già avvenuto nei paesi in cui l'egemonia televisiva si è affermata prima che in Italia. Quelle rincorse si sono dimostrate del tutto inutili e perfino controproducenti per i lettori di carta stampata, tanto è vero che le percentuali di utenza e di ascolto delle reti televisive sono in generale cresciute e, al contrario, la carta stampata ha registrato negli ultimi tre-quattro anni un complessivo decremento del numero di acquirenti e lettori.

A parziale giustificazione dei giornalisti (assai parziale, si intende) per quello che sta avvenendo, si può soltanto ricordare che quello italiano è un mercato giornalistico particolarmente ristretto e rigido per la scarsa attitudine alla lettura degli italiani rispetto agli altri paesi europei, come ha dimostrato ancora l'ultimo, recente rapporto dell'OCSE analizzato da Tullio De Mauro nel suo saggio su *La scuola* pubblicato da Laterza nella serie 'Idee per il governo.' Dal saggio di De Mauro emerge con chiarezza l'incapacità della nostra scuola, così come è, di creare efficaci anticorpi (attraverso un insegnamento della storia adeguata ai tempi) alla superficiale, e non di rado deviante, polemica scandalistica.

Del resto, se la divulgazione storica viene lasciata quasi del tutto agli operatori della comunicazione, questo dipende anche dalla scarsa attenzione che gli storici di professione dedicano a questo aspetto della loro professione, un aspetto che ha una crescente importanza sociale e che, soprattutto nel mondo anglosassone, costituisce non da oggi un compito a cui pochi si sottraggono nella comunità scientifica.

Nel nostro paese, ancora oggi, all'interno della corporazione degli storici, scrivere un testo divulgativo equivale pressapoco a prostituirsi, e chi si azzarda rischia di sentirselo rimproverare aspramente dai propri giudici ed esaminatori e poi, per il resto della vita, dai colleghi.

La confusione è alimentata dalla scarsa consapevolezza che hanno gli italiani, e in particolare le nuove generazioni, di un problema centrale del nostro passato. Questo problema si può sintetizzare pressapoco così: la storia unitaria dell'Italia ha poco più di centotrent'anni e, nel momento in cui si è modernizzato, passando da una società agraria a una società industriale, lo Stato liberale, fondato dai protagonisti dell'unificazione nazionale, non ha retto e ha ceduto il passo al primo movimento fascista dell'Europa.

Qualcuno dirà subito che esagero, giacché quella dittatura è durata soltanto vent'anni, che sono in definitiva una parte assai piccola dei centotrent'anni della nostra unificazione nazionale. Ma devo ricordare che il regime fascista è crollato essenzialmente in seguito alla seconda guerra mondiale e che un regime assai simile, quello fondato da Franco in Spagna nel 1939 (anche perché ha evitato d'esser coinvolto nel conflitto mondiale) è durato per altri trent'anni, cioè fino alla consunzione fisica del dittatore.

La medesima sorte sarebbe potuta capitare probabilmente agli italiani se Mussolini avesse mantenuto la 'non belligeranza' proclamata nel 1939. Certo, la politica estera del dittatore si era incamminata con decisione sulla strada del revisionismo contro il sistema di Versailles, compiendo fuori tempo massimo, per così dire, una clamorosa impresa coloniale, quella etiopica; e questo gli aveva fatto inevitabilmente mettere in discussione l'alleanza di fatto con la Gran Bretagna e incontrare la Germania di Hitler. Ma nella storia è successo più di una volta che una strategia espansionista e revisionista sia stata condizionata da ripensamenti o da decisioni eccezionali dell'ultima ora.

E dunque, almeno in astratto, una possibilità su cento di non entrare in guerra c'era: se si fosse realizzata, la dittatura fascista avrebbe potuto durare ancora molti anni. Né l'opposizione interna né quella in esilio avrebbe potuto da sola averne ragione. Questa è la mia opinione ed essa condurrebbe a intravvedere un amaro destino, analogo a quello del popolo spagnolo, per gli italiani. Di una possibilità come questa si dovrebbe tener più conto per la valutazione del peso che la dittatura mussoliniana ha avuto nella nostra storia. Bisogna cioè tener presente che il fascismo ha chiuso in vent'anni la sua parabola non per consunzione interna, ma essenzialmente per un colpo venuto dall'esterno.

Occorre aggiungere, peraltro, che l'eredità del fascismo è stata assai lunga e duratura e ha informato in maniera profonda i primi quindici anni dell'Italia repubblicana e sensibilmente anche i decenni successivi fino ad oggi.

'Il processo di sviluppo dal partito parlamentare al partito democratico di massa,' ha ricordato Scoppola nel suo libro del 1991 sulla *Repubblica dei partiti* (p. 72), 'era tutt'altro che compiuto nella cultura e nella prassi politica prima del fascismo e il fascismo ha interrotto questo processo, non in termini di semplice negazione o di restaurazione, ma al contrario interpretando le nuove esigenze entro la sua logica e per i suoi fini, utilizzando modernamente il partito, e construendo una società di massa dentro uno Stato totalitario. La scia che il fascismo lascia dietro di sé, non solo nelle leggi e nelle istituzioni, ma nella mentalità degli italiani, è appunto quella di una società di massa non democratica, che rappresenta per la democrazia il punto di partenza più negativo.'

E poco più oltre (p. 83) Scoppola aggiunge: 'La cultura della sudditanza e della clientela legata alla tradizione feudale, che in alcune aree del sud caratterizza il rapporto del singolo con ogni espressione del potere pubblico, resisterà tenacemente all'affermarsi di una politica fondata su un consenso popolare orientato verso programmi e obbiettivi di interesse generale, sarà la naturale roccaforte di un modo neppure elitario ma clientelare della politica e, di fronte all'affermazione dei grandi partiti popolari, reagirà nel senso di condizionare l'appartenenza ad essi e il loro complessivo modo di essere.'

Pur in estrema sintesi, mi pare che Scoppola abbia detto l'essenziale sulla vischiosità dell'eredità del fascismo nell'Italia repubblicana, sia riguardo al modello di partito di massa maturato nel nostro paese non nell'età liberale, ma in quella fascista (e, dunque, in una cornice tendenzialmente totalitaria), sia rispetto alle forme e alle modalità di far politica che partono da lontano e resistono con forza ai tentativi di modernizzazione e di realizzazione di un moderno stato di diritto.

Non si può dimenticare che negli anni che vanno dalla proclamazione della Repubblica alle elezioni del 1953, la Democrazia cristiana si afferma come la forza di governo per eccellenza, sostenuta da un blocco sociale moderato di cui fanno parte le grandi e medie imprese industriali, la piccola borghesia impiegatizia della pubblica amministrazione e dei servizi, i commercianti ma anche una parte non irrilevante di operai cattolici e di contadini meridionali.

Il blocco cattolico moderato si forma su due linee di fondo: da una parte, l'opposizione al comunismo e al socialismo che fanno capo idealmente al modello dell'Unione Sovietica staliniana; dall'altra, il rifiuto di ogni ipotesi di riforma radicale dell'apparato dello Stato e dei rapporti tra le classi sociali.

C'è in quel blocco sociale la rivendicazione del passato fascista nella fase della stabilizzazione. La DC, in particolare, in quei primi anni era riuscita a succedere quasi naturalmente al partito unico fascista in un rapporto privilegiato non solo con la burocrazia statale e ministeriale, ma anche con i grandi gruppi industriali e con le maggiori banche a prevalente partecipazione statale.

La revoca nel 1948 delle norme per l'epurazione dei funzionari compromessi con il regime fascista (non è vero come a volte si scrive, che un tentativo di epurazione non ci sia stato) ha saldato, infatti, i burocrati al partito di maggioranza in un vincolo di fedeltà e di collaborazione che sarà destinato a durare a lungo nell'Italia repubblicana. Nello stesso tempo la DC era riuscita a utilizzare il peso rilevante ancora esercitato dalla Chiesa di Roma e dalle sue organizzazioni collaterali, qualificandosi come il 'partito cristiano,' difensore della fede contro il comunismo ateo, sostenitore dell'identità nazionale contro l'internazionalismo filosovietico di comunisti e socialisti.

Così il partito cattolico ereditava anche, almeno per una parte notevole della sua classe dirigente di centro e di destra, quella cultura cattolica tradizionalista che nella Chiesa sopravviveva gagliardamente al crollo della dittatura fascista: basta leggere le maggiori riviste cattoliche ufficiali negli anni quaranta e cinquanta per scorgere riflessi assai vivi di quel tradizionalismo culturale conservatore, e a volte apertamente reazionario, che veniva dagli anni trenta e dal compromesso praticato in Europa con le dittature fasciste.

9.5   Umberto Eco, 'L'eterno fascismo', in *Cinque scritti morali* (Milan: Bompiani, 1999), 25–48.

This essay was first presented at a symposium organized by the Italian Department of Columbia University in New York City on 25 April 1995 to commemorate the fiftieth anniversary of the end of the Second World War. Eco borrows a term from the field of logic to define Italian fascism as a form of 'fuzzy' totalitarianism. He begins by challenging some of the arguments made by revisionist and right-wing historians and then goes on to map out a 'topology' of fascism. Notice the similarities with Carlo Levi's warning about an 'eternal fascism'.

In Italia vi sono oggi alcuni che si domandano se la Resistenza abbia avuto un reale impatto militare sul corso della guerra. Per la mia generazione la questione è irrilevante: comprendemmo immediatamente il significato morale e psicologico della Resistenza. Era motivo d'orgoglio sapere che noi europei non avevamo atteso la liberazione passivamente …
 In Italia c'è oggi qualcuno che dice che il mito della Resistenza era una bugia comunista. È vero che i comunisti hanno sfruttato la Resistenza come una proprietà personale, dal momento che vi ebbero un ruolo primario; ma io ricordo partigiani con fazzoletti di diversi colori…
 In Italia c'è oggi qualcuno che dice che la guerra di liberazione fu un tragico periodo di divisione, e che abbbiamo ora bisogno di una riconciliazione nazionale. Il ricordo di quegli anni terribili dovrebbe venire represso. Ma la repressione provoca nevrosi …
 Il fascismo fu certamente una dittatura, ma non era compiutamente totalitario, non tanto per la sua mitezza, quanto per la debolezza filosofica della sua ideologia. Al contrario di ciò che si pensa comunemente, il fascismo italiano non aveva una sua filosofia …
 Il fascismo italiano fu il primo a creare una liturgia militare, un folklore, e persino un modo di vestire … Non serve dire che il fascismo conteneva in sé tutti gli elementi dei totalitarismi successivi, per così dire, 'in stato quintessenziale'. Al contrario, il fascismo non possedeva alcuna quintessenza, e neppure una singola essenza. Il fascismo era un totalitarismo *fuzzy*. Il fascismo non era una ideologia monolitica, ma piuttosto un collage di diverse idee politiche e filosofiche, un alveare di contraddizioni …
 A dispetto di questa confusione, ritengo sia possibile indicare una lista di caratteristiche tipiche di quello che vorrei chiamare l' 'Ur-Fascismo', o il 'fascismo eterno'. Tali caratteristiche non possono venire irregimentate in un sistema; molte si contraddicono

reciprocamente, e sono tipiche di altre forme di dispotismo o di fanatismo. Ma è sufficiente che una di loro sia presente per far coagulare una nebulosa fascista.

1. La prima caratteristica di un Ur-Fascismo è il *culto della tradizione* ...

2. Il tradizionalismo implica *il rifiuto del modernismo* ... L'illuminismo, l'età della Ragione vengono visti come l'inizio della depravazione moderna. In questo senso, l'Ur-Fascismo può venire definito come 'irrazionalismo'.

3. L'irrazionalismo dipende anche dal culto *dell'azione per l'azione*. L'azione è bella di per sé, e dunque deve essere attuata prima di e senza una qualunque riflessione. Pensare è una forma di evirazione. Perciò *la cultura è sospetta* nella misura in cui viene identificata con atteggiamenti critici ...

4. Nessuna forma di sincretismo può accettare la critica. Lo spirito del critico opera distinzioni, e distinguere è un segno di modernità. Nella cultura moderna, la comunità scientifica intende il disaccordo come strumento di avanzamento delle conoscenze. Per l'Ur-Fascismo, *il disaccordo è tradimento*.

5. Il disaccordo è inoltre un segno di diversità. L'Ur-Fascismo cresce e cerca il consenso sfruttando ed esacerbando la naturale *paura della differenza*. Il primo appello di un movimento fascista o prematuramente fascista è contro gli intrusi. L'Ur-Fascismo è dunque razzista per definizione.

6. L'Ur-Fascismo scaturisce dalla frustrazione individuale o sociale. Il che spiega perché una delle caratteristiche tipiche dei fascismi storici è stato *l'appello alle classi medie frustrate*, a disagio per qualche crisi economica o umiliazione politica, spaventate dalla pressione dei gruppi sociali subalterni... .

7. A coloro che sono privi di una qualunque identità sociale, l'Ur-Fascismo dice che il loro unico privilegio è il più comune di tutti, quello di essere nati nello stesso paese. È questa l'origine del 'nazionalismo'. Inoltre, gli unici che possono fornire una identità alla nazione sono i nemici. Così, alla radice della psicologia Ur-Fascista vi è *l'ossessione del complotto*, possibilmente internazionale. I seguaci debbono sentirsi assediati. Il modo più facile per fare emergere un complotto è quello di fare appello alla

xenofobia. Ma il complotto deve venire anche dall'interno: gli ebrei sono di solito l'obiettivo migliore, in quanto presentano il vantaggio di essere al tempo stesso dentro e fuori …

8. I seguaci debbono sentirsi umiliati dalla richezza ostentata e dalla forza dei nemici. Quando ero bambino mi insegnavano che gli inglesi erano 'il popolo dei cinque pasti': mangiavano più spesso degli italiani, poveri ma sobri. Gli ebrei sono ricchi e si aiutano l'un l'altro grazie a una rete segreta di mutua assistenza. I seguaci debbono tuttavia essere convinti di poter sconfiggere i nemici. Così, grazie a un continuo spostamento di registro retorico, *i nemici sono al tempo stesso troppo forti e troppo deboli*. I fascismi sono condannati a perdere le loro guerre, perché sono costituzionalmente incapaci di valutare con obiettività la forza del nemico.

9. Per l'Ur-Fascismo non c'è lotta per la vita, ma piuttosto 'vita per la lotta'. *Il pacifismo è allora collusione col nemico*; il pacifismo è cattivo perché *la vita è guerra permanente*…

10. L'elitismo è un aspetto tipico di ogni ideologia reazionaria, in quanto fondamentalmente artistocratico. Nel corso della storia, tutti gli elitismi arisocratici e militaristici hanno implicato il *disprezzo per i deboli* …

11. In questa prospettiva, *ciascuno è educato per diventare un eroe*. In ogni mitologia l' 'eroe' è un essere eccezionale, ma nell' ideologia Ur-Fascista l'eroismo è la norma. Questo culto dell' eroismo è strettamente legato al *culto della morte* …

12. Dal momento che sia la guerra permanente sia l'eroismo sono giochi difficile da giocare, l'Ur-Fascista trasferisce la sua volontà di potenza su questioni sessuali. È questa l'origine del *machismo* (che implica disdegno per le donne e una condanna intollerante per abitudini sessuali non conformiste, dalla castità all'omosessualità). Dal momento che anche il sesso è un gioco difficile da giocare, l'eroe Ur-Fascista gioca con le armi, che sono il suo *Ersatz* fallico: i suoi giocchi di guerra sono dovuti a una *invidia penis* permanente.

13. L'Ur-Fascismo si basa su un 'populismo qualitativo'… .Per l'Ur-Fascismo gli individui in quanto individui non hanno diritti, e il 'popolo' è concepito come una qualità, un'entità

monolitica che esprime la 'volontà comune'. Dal momento che nessuna quantità di esseri umani può possedere una volontà comune, il leader pretende di essere il loro interprete ...

14. *L'Ur-Fascismo parla la 'neolingua'*. La 'neolingua' venne inventata da Orwell in *1984* ... ma elementi di Ur-Fascismo sono comuni a forme diverse di dittatura. Tutti i testi scolastici nazisti o fascisti si basavano su un lessico povero e su una sintassi elementare, al fine di limitare gli strumenti per il ragionamento complesso e critico. Ma dobbiamo essere pronti a identificare altre forme di neolingua, anche quando prendono la forma innocente di un popolare talk-show ...

Dobbiamo stare attenti che il senso di queste parole ('libertà', 'dittatura') non si dimentichi ancora. L'Ur-Fascismo è ancora intorna a noi, talvolta in abiti civili ... L'Ur-Fascismo può ancora tornare sotto le spoglie più innocenti. Il nostro dovere è di smascherarlo e di puntare l'indice su ognuna delle sue nuove forme – ogni giorno, in ogni parte del mondo.

Glossary

arditi: (lit: 'the daring ones') Italian shock troops during the First World War, many were later followers of D'Annunzio and Mussolini.

Aventino: (from the hill in Rome and ancient protest led by Gaius Gracchus) summer 1924 secession of Parliament in protest over the assassination of the Socialist Deputy Giacomo Matteotti.

Camicie nere: (also *squadristi* lit: 'black shirts') Mussolini's followers, often perpetrators of arson, physical assaults and assassination of political opponents.

Caporetto: First World War battle in October–November 1917; Italy's worst military defeat, when the very nation appeared on the brink of surrender; instead, Italy rallied on to victory with the Vittorio Veneto offensive of October–November 1918.

CLN/CLNAI (Committee of National Liberation/Committee of National Liberation for Northern Italy): the political arm of the armed Resistance. Formally convened in September 1943 and comprised of five parties: Liberal, Christian Democrat, Socialist, Communist and Action.

confino: the practice of internal or domestic exile, often to one of the penal islands such as Ustica or Lipari or a remote village in the Mezzogiorno.

Dopolavoro: (lit. 'Afterwork') fascist organization which organized and regulated leisure time and activities; sought to harness mass culture to the political demands of the fascist regime.

Duce: from the Latin *dux* (leader); a form of address for Mussolini used to evoke the Roman past.

Fascio di combattimento: the first groups of fascists organized 23 March 1919 in Milan's Piazza San Sepolcro. (See also *san sepolcristi*).

FIAT (Fabbrica Italiana Automobili Torino): the automobile factory works in Turin owned by the Agnelli family; site of the largest communist workers' organization and strikes against the regime in 1943–45.

Fosse Ardeatine: cave outside Rome where, on 24 March 1944, the Nazis executed 335 men and boys in retaliation for a partisan attack (see *via Rassella*).

fuorusciti: antifascist political exiles, ranging from monarchists and Liberals to socialists, communists and members of Giustizia e Libertà and the Partito d'Azione.

GAP (Gruppi d'azione patriottica): armed communist antifascists engaged in guerilla actions against fascists and nazis; often termed 'bandits' or 'outlaws' by the fascist and nazi authorities.

manganello (lit: 'little club'); a favorite weapon of the fascist *squadristi* and *camicie nere*.

me ne frego! (lit: 'I don't give a damn!'): Fascist motto of contempt.

Mezzogiorno: (lit: 'land of the midday sun') the southern regions of Italy (beginning just south of Rome) and including the islands of Sicily and Sardegna, traditionally exploited and underdeveloped, with high rates of illiteracy, unemployment, and poverty.

MSI (Movimento Sociale Italiano): a neo-fascist party formed in December 1946 by

235

former fascist officials of the RSI.

MVSN (Milizia Volontaria per la Sicurezza Nazionale): Voluntary Militia for National Security, formed 1 February 1923 in an attempt to bring the *squadristi* under the control of the new fascist state.

OVRA (Opera Vigilianza per la Repressione Antifascista): special police organization established in 1927 to discover and imprison antifascists.

passo romano (lit: 'Roman step'): introduced into the Italian military after the Rome–Berlin Axis and similar to the nazi goose-step.

podestà: local fascist government official who usurped the powers and responsibilities of the more traditional (and autonomous) *sindaco* (mayor), *consiglio communale* (communal council) and *giunta provinciale* (provincial administrative committee).

quadrumvir: four fascists apppointed by Mussolini to direct the 'March on Rome': Emilio De Bono, Cesare Maria De Vecchi, Italo Balbo, and Michele Bianchi; later members of the Fascist Grand Council.

ras: local paramilitary fascist officials; often responsible for 'punitive expeditions' against antifascists, especially in the countryside.

Regina Coeli (lit: 'Queen of Heaven') notorious prison in Rome.

Romanità (lit: 'Romaness): the cultural policy in fascist Italy of portraying contemporary fascist Italy as the heir to ancient Rome; classicism corrupted for the fascist political program.

RSI (Repubblica Sociale Italiana): the Italian Social Republic (September 1943–April 1945) established with Hitler's assistance after Mussolini's fall from power. Controversy still rages over whether the RSI was a legitimate form of government, worthy of the loyalty of patriotic Italians or a puppet regime controlled by a foreign power (the nazis). Also known as the Salò Republic.

san sepolcristi: (see 'fascio di combattimento')

squadristi: (see 'camicie nere')

trinceristi (lit: 'those from the trenches'): First World War veterans who found it difficult to return to civilian life and who were often attracted to the military ethos and lifestyle of fascism.

ventennio (lit: 'twenty years'): the two decades of fascist rule.

via Rassella: site of a communist partisan attack against a German military unit which killed thirty-three soldiers; in retaliation, Hitler ordered ten Italians shot for each German. (See also 'Fosse Ardeatine').

via Tasso: headquarters of the nazi Gestapo and SS in Rome; notorious for the torture and executions of soldiers, antifascists, and civilians which took place there.

Vocabulary

The English translations of the Italian words listed below are the most helpful for understanding their meaning in context. Semicolons separate two completely different meanings of the same word.

abbandonare   to leave, to abandon
abbandonato   deserted
abbassare   to lower
abbattere   to knock down
abile   clever; fit for military service
abilità   capacity to do
abilitare   to qualify for
abitudine   habit
abnegazione   self-denial
aborrire   to abhor, to detest
accadere   to happen, to occur
accanitamente   fiercely
accanito   fierce, bitter
accavallare   to cross
accennare   to indicate
acchiappare   to catch
acciacco   ailment
accidia   sloth
accollare   to force
accollarsi   to take upon oneself
accorgere   to notice
accorgersi   to become aware of
accostare   to approach
accovacciare   to crouch
accozzaglia   jumble, odd assortment
accrescere   to increase
acerbo   bitter
acero   maple
acquistare   to purchase, to buy
acquisto   acquisition
adagio   slowly
addestrare   to train
addiaccio   bivouac
addirittura   absolutely
addomesticare   to tame
addotto   produced
addurre   to produce

adeguare   to adapt
adempiere   to fulfill
adempimento   fulfilment
aderire   to adhere, to stick
adescare   to lure
adiacente   adjacent
adiacenza   vicinity
adoperare   to use
adoperarsi   to strive
adozione   adoption
adunare   to assemble, to gather
affaticamento   tiredness
affaticare   to tire
afferrare   to seize, to grasp
affetto   suffering from
affettuoso   affectionate
affidare   to entrust
affogare   to drown, to smother
affrontare   to face, to confront
aforisma   aphorism
agevole   easy, smooth
aggiornamento   postponement, updating
aggiornare   to revise
aggiornato   up-to-date
aggirare   to go around
aggiungere   to add
aggrapparsi   to cling to
aggravare   to aggravate, to increase
aggredire   to assault, to attack
agnostico   agnostic
agonia   agony
agricolo   agricultural
aguzzino   jailer
alambicco   still
alba   dawn
alimentare   to feed, to supply

237

alimentatore feeder
alimentazione nourishment, feeding
alimento food
allargare to widen
allodola skylark
alloggio lodging
allorché as soon as
allusione hint, allusion
altalena swing, see-saw
altopiano upland plain, plateau
altrimenti otherwise
ambito sphere, field
amenità pleasantness
ammesso supposing
ammirare to admire
ammissione admission
ammonimento warning
ammonire to warn
ammonizione reprimand
anagrafe register of vital statistics
anarchico anarchist
andamento course
andatura pace
angoscia deep anxiety
angustiare to worry
annaspare to flounder, to grope
annerire to become black
annientamento destruction
annientare to destroy
annullamento nullification
annullare to declare void, to cancel
annullarsi to quieten down
annunzio announcement
antesignano forerunner
antiquariato antique trade
antiquario antique dealer
antiquato old-fashioned
anziché rather than
anzitutto first of all
apello roll-call
apostolo apostle
apostrofo apostrophe
appagare to satisfy
appagato satisfied
appartenere to belong to
applicare to apply
appoggiare to lean against
apprestare to prepare
approfondire to deepen

aratro plow
ardente burning
ardimento daring
ardire to dare
ardito bold, daring
aridità aridity, dryness
armamentario equipment
armamento armament
armare to arm
arricchimento enrichment
arricchire to become rich
arricchito nouveau riche
arrotondare to round, to add
arroventato red-hot
artificioso affected
artigianale craft
artigianato craftsmanship
artigiano craftsman/woman
artigliere artilleryman
artiglieria artillery
artiglio claw
asceta ascetic
asciutto dry
aspirazione aspiration
asportare to remove
aspro sour
assalire to attack, to assail
assaltare to raid
assalto attack
assediare to besiege
assedio siege
asserire to maintain, to assert
associare to associate
assolato sunny
assoldare to recruit
assolutamente absolutely
assoluto absolute
assoluzione absolution
assolvere to absolve
astratto abstract
astuzia shrewdness
atavico atavistic
atroce dreadful
attacco attack
attanagliare to grip
atteggiamento attitude
attenuare to alleviate, to ease, to
  soften
attimo moment

attorno round
attuale present
attualità topicality, current event
augurale salutatory
aurora dawn
austero austere
austriaco Austrian
autoblinda armored car
autocarro truck
autorità authority
avanguardia vanguard
avanzare to move forward
avanzato advanced
avere to have
avvelenare to poison
avventato reckless
avventura adventure, affair
avversario opponent
avvisare to inform, to warn
avvivare to brighten up
azienda business, firm

balenare to flash
baleno flash of lightening
balordo senseless
balzo bounce, jump
banale banal, common place
banda band, stripe
bandire to proclaim; to ban
bara coffin
baracca shed, hut
barbaro barbarian
bastardo hybrid, crossbreed
bastare to be sufficient
bastone stick
battente wing, flap, shutter
battere to beat
beccare to peck
becco beak, bill
beffardo scornful, mocking
belva wild animal
benessere well-being
benevolenza benevolence
benevolo benevolent
bevanda beverage
biada fodder
bimbo/a boy, girl
bisaccia knapsack
bizzarro bizarre

bloccare to block
blocco block, blockade
boicottaggio boycott
bontà goodness
borbottio mumbling, rumbling
borgo village, district
borraccia flask, water bottle
botte barrel, cask
bottino booty
botto bang, crash
brandello scrap, shred
brigata group, party
brivido shake, shiver, thrill
bruciare to burn
bucare to make a hole
bucato washing
burocrazia bureaucracy

cacciare to hunt
cacciatora hunting jacket
cadavere body, corpse
caffetteria coffee shop
cagionare to cause
calcare to tread, to press down
calligrafia handwriting
calpestare to tread on, to trample on
camion truck
canaglia scoundrel; rabble, mob
caotico chaotic
capienza capacity
caposaldo stronghold
carcere imprisonment, jail
cardine hinge
caricare to load
carnoso fleshy
casalingo household; home-made
cascata cascade, waterfall
cascina farmstead
castigare to punish
castigato pure, chaste
castigo punishment
catapecchia hovel
cavalleresco chivalrous
caviglia ankle
cazzotto punch
cazzuola trowel
cecità blindness
celeste celestial, heavenly
cenere ash

cervello brain
cessazione cessation, suspension
chiarire to make clear
chiavistello bolt
chirurgico surgical
chiusura closing
cicerone guide
cinismo cynicism
cocente burning
coetaneo contemporary
cogliere to gather
coincidere to coincide
coinvolgere to be involved in
coinvolgimento involvement
collegamento connection, liaison
colpa fault
colpire to hit, to strike
coltura cultivation
combattente fighting, combatant
combattere to fight
comitato committee
compiacere to gratify
compiere to finish
concedere to grant, to admit
concepire to conceive
concordare to agree
condonare to condone, remit
condotto local authority doctor
confermare to confirm
confinare to border on
conformare to adapt
coniuge spouse
consacrare to dedicate, to ordain, to
   consecrate
consapevole aware
consegna delivery
consentire to allow, to consent, to
   agree
conservare to preserve
consolare to comfort
consueto habitual, usual
contenere to contain
contenuto content
contorsione contortion
contraddire to contradict
contraddistinguere to mark, to
   distinguish
contrassegnare to mark
contrassegno distinguishing mark

convalescenza convalescence
coordinamento coordination
corona crown, wreath
coronare to crown
correggere to correct, to mark
corrente flowing; current
corteggiare to court
cortigiano courtier
costituire to build together
coprifuoco curfew
cranio skull
cremare to cremate
crematorio crematorium
crepare to burst, (slang) to die
crepitare to crackle
crepuscolo dusk
criterio criterion, sense
crollare to collapse
cronaca chronicle, news column
cupo dark, dull
cupola dome

decadenza decadence
decadere to decline
decrescere to decrease
deformare to put out of shape
deformazione deformation
degenerare to degenerate
degradare to degrade, to demote
delegazione delegation
demagogo demagogue
demagogismo demagogy
denominazione name
deplorare to deplore, to lament
deportazione deportation
derisione derision, mockery
destare to awaken
detto said, called, known
dichiarazione declaration
dilagare to spread
dileguare to vanish, to disappear
diluire to dilute
dilungarsi to talk at length
diluvio downpour, flood
dipanare to disentangle
diramare to issue
dire to say
direzione direction
dirigente managerial, ruling

dirigere to direct
discepolo disciple
disprezzo contempt
dissimulare to dissemble, to conceal
dissimulatore dissembler
dissimulazione concealment
dissuadere to dissuade
disteso stretched out
distinzione distinction
distruggere to destroy
divulgare to divulge
dogmatico dogmatic
domicilio place of residence
dominare to control

ebreo Jewish
eccezionale exceptional
eccezione exception
egemonia hegemony
eleggere to nominate
elenco list
eletto elected member
eloquenza eloquence
elucubrare to ponder about
ente body, board
epurare to purge
equipaggiamento equipment
equipaggiare to equip
eresia heresy
erigere to erect, to raise
ermetico hermetic
esasperare to exasperate
esasperazione exasperation
escogitazione to devise, to think
esercitare to practice, to train
esercito army
esigere to demand
esotico exotic
esplicare to carry out, to perform, to explain
essenziale essential
estendere to extend
estenuare to wear, to tire out
esteriore outward
esteriorità outward appearance
esteriorizzare to show
esternare to express
estremo extreme

facciata facade
falange phalanx
famelico ravenous
fanghiglia mud, mire
fango mud
fanteria infantry
fantoccio puppet
fare to make, to do
fascio bundle
fatica hard work
fattezze features
fegato liver
fendere to cut through
ferita wound
ferito wounded
fermentare to ferment
fermentazione fermentation
fermento ferment
fiaccare to weaken
fiacco tired, weary
fianco side
figliolo/a son, daughter
finanza finance
finanziare to finance
firmare to sign
fitto thick, dense
flagrante flagrant
focolare fireside
foggia style, shape, form
folle insane, mad
forare to pierce
forno oven
fracassare to shatter, to smash
fracasso crash
fremere to tremble
frenetico frenetic
frescura cool
frettolosamente hurriedly
frettoloso rushed
frugare to search
fucilare to shoot
fucilata rifle shot
fucilazione execution
fuga escape, flight
fuggiasco fugitive
fuggire to flee, to run away
fulgore brilliance
fulmineo rapid, threatening
fuoco fire

fuorché   except
furente   furious

gagliardetto   pennant
gagliardo   strong, vigorous
galantuomo   gentleman, honest man
gallo   cock
garanzia   guarantee
genere   sort, kind
gerarchico   hierarchical
germanico   German
gettare   to throw, to cast
ghigliottina   guillotine
giacere   to lie
giogo   yoke
gioioso   joyful
giubilare   to rejoice
giungere   to join, to arrive
godere   to enjoy
gogna   pillory
gonfiare   to inflate, to swell
gonfio   swollen
gorgo   whirlpool
gradino   step
grafico   graphic
granduca   grand duke
gravità   seriousness
gravitare   to gravitate
greco   Greek
gregario   gregarious
gregge   flock
greggio   raw
grembo   lap, womb
gretto   mean
grillo   cricket
grottesco   grotesque
guancia   cheek
guardia   guard
guardingo   wary, cautious
guarire   to heal
guerriero   warrior
guerriglia   guerrilla warfare
guisa   like, in the manner of

idillico   idyllic
idolatria   idolatry
ignaro   unaware
ignoto   of unknown parentage
illusorio   illusory

imbalsamare   to embalm
imbarcare   to load
imbecille   idiot
imbrunire   to grow dark
immenso   immense
impadronire   to serve
impedimento   hindrance
impedire   to prevent
imperatrice   empress
impertinente   impertinent
impeto   force
impetuoso   strong, raging
impiego   use
impietrire   to petrify
impresa   enterprise
impresario   manager
imprimere   to impress
impronta   impression
impunemente   with impunity
imputridire   to rot
inafferabile   difficult to grasp
inaridire   to make arid, to dry up
incalzante   urgent, insistent
incalzare   to follow, to pursue
incappucciare   to put a hood on
incaricare   to take charge of
incaricato   responsible
incatenare   to chain up
incendiare   to catch fire
inchinare   to bow, to bend down
inchino   bow, curtsey
inclinare   to incline towards
inclinato   sloping
inclinazione   slope, inclination
incoerente   incoherent
incombere   to hang over, to threaten
inconscio   unconscious
incrociare   to cross
incrollabile   firm, unshakable
incrostare   to encrust
incrostazione   encrustation, scale
incutere   to arouse
indagare   to investigate
indegno   shameful
indignare   to anger, to shock
indirizzare   to direct
indiziare   to cast suspicion on
indizio   clue, sign
indorare   to gild

242

indovinare   to guess
indovinato   successful, inspired
indumento   article of clothing
indurre   to induce, to persuade
inebriare   to intoxicate
inerzia   indolence
inesauribile   inexhaustible
infamia   infamy
infuriare   to rage
ingaggiare   to hire, to engage
ingaggio   hiring
ingessare   to put in plaster
ingiuria   to insult , to damage
ingiurioso   insulting, abusive
ingrato   ungrateful
ingresso   entrance
innanzitutto   above all
inneggiare   to sing the praises
innumerevole   innumerable
inondazione   flooding
inquadrare   to frame, to set
inquadratura   framing
inquieto   restless
insipido   insipid
insolito   unusual
instaurare   to establish
insurrezione   revolt, insurrection
intento   intent
interagire   to interact
interrogare   to question
interrogativo   question
interrogatorio   questioning
interrogazione   questioning
intervallo   interval
intimazione   order, command
intimidazione   intimidation
intimidire   to intimidate
intonare   to start singing
intralciare   to hold up
intralcio   hitch
intransigente   uncompromising
intransigenza   intransigence
intravedere   to catch a glimpse
intrigare   to manœuvre, to scheme
intrigo   plot
intrinseco   intrinsic
intuizione   intuition
invasato   possessed
invaso   invaded

invasore   invadear
invernale   winter
ironico   ironic
ironizzare   to be ironical about
irradiarse   to radiate (from)
irrigidire   to tighten
irrompere   to burst into
irruzione   to burst, to raid
istante   moment, instant
istradare   to direct

ladruncolo   thief
lama   blade
lamentare   to moan, to groan
lampada   lamp
lanciare   to throw, to fling
lancio   throw
languido   weak
languire   languish
largire   to give generously
lasciapassare   pass, permit
lattante   unweaned, breast-fed baby
lauro   laurel
leccare   to lick
leccato   affected
lecito   permitted, allowed
lezioso   simpering
libidine   lust
lieve   light
limpido   limpid, clear
littorio   lictorial
livellare   to level
loggia   lodge
logistico   logistics
lottare   to fight
lucidità   lucidity
lucroso   lucrative
luminoso   bright
lusingare   flatter

macabro   gruesome
macchia   stain, spot
macchiare   to stain, to mark
malora   ruin
malsano   unhealthy
malsicuro   unsafe
maltrattare   to mistreat
mammella   breast
maniera   manner, style

manovra manœuvre
mantello cloak
marcia march
marciare to go, to march
marea low/high tide
maresciallo marshal
marinaio sailor
marittimo sea, maritime
mastodontico gigantic, colossal
matrice matrix
melma mud
menare to lead, to hit
mendicante a beggar
menzogna lie
menzognero false, untrue
meritare to deserve
mescolare to blend
metafisica metaphysics
migliaia thousands
miglioramento improvement
millennio millennium
minacciare to threaten
minaccioso threatening
mirabile admirable, wonderful
mirto myrtle
miscredente misbeliever
miscuglio mixture
mistico mystic
mitologia mythology
mobilitare mobilize
modalità method
molla spring
montare to go up, to ride up
morboso morbid
moribondo dying
morso bite
mostrare to demonstrate
motto witty remark
mucchio pile, heap
muffo mold
mulinare to whirl, to spin
mulino windmill
muraglia wall
muro wall

neonato newborn baby
nicchia niche
nicchiare to hesitate
nozione notion, idea

obliquo oblique
occhieggiante peeping out
occhieggiare to peep
occorrere to be needed, to be required
odierno of today
onda wave; (mandare in) to broadcast
ondeggiare to ripple
onere burden
onorare to honour
onore honour
opulento rich
opulenza richness
oratore speaker
ordinamento arrangement
orgoglio pride
orlare to hem
orizzonte horizon
osservare to observe
osservatore observer
ostacolo obstacle
ostentare to flaunt
osteria inn
ostinato persistent
ottimistico optimistic
ottone brass
ovile enclosure
ovvero to be precise
oziosa idle

pacificazione reconciliation
palese clear, evident
pallottola pellet, bullet
palo stake
palpebra eyelid
palpitare to beat, to pound
panciera corset
panificatore bread maker
paralitico paralytic
parare to shield, to protect
parassita parasite
parassitario parasitic
parastatale employee of the state
parato protected
parere opinion, advice
parlamentare parliamentary
pasticcio pie, mess
patibolo gallows, scaffold
patria homeland
patrimonio estate, property

patto pact, agreement
pecorella small sheep, lamb
peggio worse
peggioramento worsening
peggiorare to make worse
peggiorativo pejorative
peggiore worst
pellame skins
penombra dim light
percorrere to go over, to follow (a path)
perdifiato at the top of his voice
perentorio peremptory, final
perfino even
pericolo danger
perire to perish, to die
perito expert
perlustrazione patrol
permanente permanent
permanenza permanence
permanere to remain
persiana shutter
persiano Persian
pertinente relevant
pertinenza relevance
pianura plain
piastra plate
piazzare to place, to sell
piedistallo pedestal
piegare to fold
pienezza fullness
pigliare to take
pingue fat, corpulent
pinguino penguin
piovigginare to drizzle
pistola gun
plebe common people
plebeo plebeian
pneumatico inflatable, pneumatic
poggio knoll, hillock
poliziotto policeman
polvere dust
ponente west
porgere to hand, to give
posare to lay down, to put down
possedere to own, to possess
postumo posthumous
pozzo well
precipitare to fall

precipitato hasty, precipitate
precipitazione precipitation
precipitoso hasty, reckless
precipuo principal
preconcetto preconceived
predisporre to get ready
prefettura prefecture
pregare to pray
premettere to introduce
presidiare to garrison
presunzione presumption
pretendente pretender
pretendere to demand, to require
prigioniero captive, prisoner
privare to deprive
procura power of attorney
procurare to obtain
promettere to promise
promuovere to promote
prontezza quickness
propinare to administer
propulsione propulsion
prora prow
prossimamente soon
prossimità nearness
provenienza origin, source
provincia province
pudore modesty
pugnalare to stab
pugnale dagger
pugno punch
pugnolo, pungolo goad, spur
pupazzo puppet

qualsivoglia any, whatever
quietare to calm, to sooth
quotidianamente daily, everyday

raccogliere to collect
raddrizzare to straighten
radunare to gather, to assemble
radunata gathering
raduno gathering
raffica gust of wind
rafforzare to reinforce
raggiungere to reach
raggiunto reached
ragguagliare to compare, to level out
rallegrare to cheer up

randagio   stray
rappresaglia   reprisal, retaliation
rassegnare   to resign
rasserenare   to cheer up
rastrellamento   search
rastrellare   to rake, to comb
rastrello   rake
razza   race
reagire   to react
recluta   recruit
reclutamento   recruitment
reclutare   to recruit
redentore   the Redeemer
redimere   to deliver, to redeem
refrigerio   relief, comfort, coolness
reggere   to hold, to support
regime   regime
regio   royal
regno   kingdom
rendere   to return, to give back
requisizione   requisition
respingere   to drive back
retrocedere   to withdraw
retroguardia   rearguard
rettificare   to correct
retto   straight
revocazione   recalling
riallacciare   to refasten, to resume
riapparire   to reappear
ricacciare   to drive back
ricino   castor oil
ricollegare   to join again, to link again
ricostituente   invigorating, tonic
ricostituire   to build up again
ricostruzione   reconstruction
ricreare   to recreate
ricredersi   to change one´s mind
ridente   smiling
ridestare   to reawaken
ridire   to repeat
rievocare   to recall
riferire   to report
rifiutare   to refuse
rifornimento   supplying, providing
rigare   to stain (with tears)
rigattiere   junk dealer
rigore   harshness
riluttanza   reluctance
rimbecillire   to become stupid

rimboccare   to turn up
rimborsare   to pay back
rinchiudere   to shut, to lock
rinfocolare   to stir up
rinnegare   to disown, to renounce
rinnegato   renegade
rinnovamento   renewal
rinnovare   to renew
rintronare   to boom, to roar
rinvigorire   to strengthen
rioccupare   to reoccupy
ripetere   to repeat
ripetitore   repeater
ripetutamente   repeatedly
ripetuto   repeated
ripristinare   to restore
ripristino   restoration
ripugnante   repulsive
ripugnanza   disgust
ripugnare   to repel
riquadro   square, panel
risaia   paddy field
risalire   to go back up
risanamento   improvement
rischiarare   to light up
rischiare   to risk
rischio   risk
riserbo   reserve
risollevare   to raise again
risorgere   to rise again
risplendente   bright, shining
risplendere   to shine
risvegliare   to awaken
ritmico   rhythmic
ritmo   rhythm
ritto   standing
rivelare   to reveal
rivendicazione   claim
riverenza   reverence
riverire   to greet, to respect
riversare   to pour
rivolgere   to turn again
rivoltella   revolver
robusto   robust, sturdy
romanamente   Roman style
rombare   to thunder, to roar
rombo   rumble, thunder
rubare   to steal
ruggire   to roar

sabotare to sabotage
saccheggiare to sack, to plunder
saccheggio sack
sacchetto bag
sacco bag
sacrilegio sacrilege
salariato wage earner
salario pay, wage
saldo strong, firm
saldare to join
salma corpse
salsedine saltiness
saltellare to skip
salvezza salvation
sanguigno blood red
sanguinante bloody
sanguinare bleed
sanguinario blood thirsty
saracinesca rolling shutter
sbandamento disbanding; confusion
sbandare to disperse, to disband
sbandato dispersed; mixed-up
sbirciare to cast sidelong glances
sbloccare to free
sboccare to flow into
sboccato foul
sbocciare to bloom
sbocco mouth
sbrindellato in tatters
sbuffare to puff
sbuffo puff
scacciare to chase away
scadere to expire
scagliare to hurl, to fling
scalpitare to stamp one´s feet
scalzare to undermine
scandalo scandal
scantonare to turn the corner
scapito loss, damage
scapolo bachelor
scappare to escape
scatola box
scattante agile
scavare to dig
scemare to diminish
scettico skeptical
scheda index card
schedare to file
schiacciare to crush

schiavo slave
schiera rank, group
schieramento formation, alliance
schierare to line up
schietto pure, straightforward
schiudere to open
sciagura disaster, calamity
sciagurato unfortunate, wicked
scioperante striker
scioperare to strike
sciopero to strike
scoglio difficulty, obstacle
scolare to drain
scolorire to fade
scomparire to disappear
sconfinare to trespass
sconsigliare to advise against
scontro clash, crash
scoraggiare to discourage
scorgere to distinguish, to see
scorrazzare to run about
scorrere to run, to skim through
scosceso steep
scossa shake, jolt, jerk
scottante burning, pressing, delicate
scricchiolare to creak
scrupolo scruple, conscientiousness
scrupoloso scrupulous
scuotere to shake
sdilinqiursi to become sentimental
sedentario sedentary
sedicente self-styled
segnalare to indicate
segnalazione signal
segnare to mark, to note, to indicate
segno sign
segretezza secrecy
selezionare to select
selezione selection
seno breast, womb
sentinella sentry
sereno calm, tranquil
serrare to close, to shut
serrata lockout
serratura lock
sfavillare to spark
sfida challenge
sfidare to challenge
sfiorare to brush, to touch

sfiorire   to fade
sfogo   outlet
sfondo   background
sformare   to put out of shape
sformato   shapeless
sforzare   to force
sforzo   effort, strength
sfregio   scar
sfruttamento   exploitation
sfruttare   to overwork, to exhaust
sfruttatore   exploiter
sgomberare   to clear
sgomento   dismay
sibilare   to whistle
sibilo   whistle
sigillo   seal
sindacale   union
sindacare   to inspect
singhiozzare   to sob
singhiozzo   sob
smarrire   to lose
smarrito   lost
smembrare   to split
smistamento   sorting
smobilitazione   demobilization
smorfia   grimace
smorfioso   simpering
sobbalzare   to jolt, to jerk
sobborgo   suburb
socchiudere   to leave ajar
soccombere   to succumb, to give way
soffocante   suffocating
soffocare   to choke
sognare   to dream
solere   to be in the habit of
sollevare   to lift, to raise
sollievo   relief
soprabito   overcoat
sopraffare   overcome
sopravvenire   to arrive, to appear
sopravvento   (to have) the upper hand
sopravvissuto   survivor
sopravvivenza   survival
sopravvivere   to survive
sorbire   to sip; to put up with
sorgente   source
sorgere   to rise
sorreggere   to support
sorridere   to smile

sorvegliante   guard
sorveglianza   supervision
sorvegliare   to watch
sospettoso   suspicious
sostanziale   substantial
sostanzialmente   substantially
sostenere   to support
sostituire   to substitute
sostituito   substituted
sottobraccio   by the arm
sottoporre   to subject
sottoporsi   to submit
sovietico   soviet citizen
sovrastare   to hang over, to threaten
spalancare   to open wide
sparare   to fire, to shoot
sparatore   gunman
sparatoria   exchange of shots
sparire   to disappear, to vanish
spasmodico   agonizing
spazzare   to sweep
spezzare   to break
spezzone   grenade, incendiary bomb
spiare   to spy on
spina   thorn
spingere   to push
spinto   pushed, thrust
sporcaccione   filthy person
sprecare   to waste
spregiudicato   unscrupulous,
   unprejudiced
sprone   spur
spuntare de sole   sunrise
squarciare   to rip
squillare   to ring
sradicare   to uproot, to eradicate
stabile   stable, ready; building
stabilimento   plant, factory
stabilire   to establish
stabilità   stability
stadio   stadium
stagno   water/airtight; pool, pond
stellato   starry
sterminare   to exterminate
stilare   to draw, to draft
stile   style
stima   evaluation, estimate
stirpe   birth
stolto   foolish

strage   massacre, slaughter
stranezza   strangeness
straziare   to torment
strazio   torture
strepitare   to yell, to shout
strepito   clanking
stroncare   to break off
strozzare   to choke, to strangle
subire   to suffer, to endure
suffragio   vote
suora   Sister
superare   to exceed
superbo   proud, magnificent
suscitare   to provoke, to arouse
sussultare   to shudder
svalutare   to belittle
svincolare   to unchain, to free

tacere   to be silent
tacito   silent, unspoken
tale   such
tallonare   to pursue
tallone   heel
talvolta   at times
tamburello   tambourine
tangente   tangent
tariffa   rate, tariff
temerario   rash, reckless
temere   to fear
tenace   strong, tough
tenacia   tenacity
tenebre   darkness
tenente   lieutenant
teoria   theory
teorizzare   to theorize
tepore   warmth
teppaglia   hooligans
terrapieno   bank, embankment
terremotato   devastated by an
   earthquake; victim of an earthquake
terreo   wan
terrorizzare   to terrorize
terzino   fullback, back
tesoro   treasure
tessera   card
tesserato   member
tessere   to weave
testimonianza   deposition
tetto   roof

tintinnare   to tinkle
tintinnio   tinkling
tirare   to pull
titano   titan
titubante   hesitant
torrido   torrid
traccia   trail, track
tracciare   to trace, to mark
tracciato   layout, plan
tradimento   betrayal
tradire   to betray
traditore   traitor
tradurre   to translate
traduttore   translator
traduzione   translation
traforare   to bore, to drill
trambusto   turmoil
tramontana   north wind
tramontare   to set, to go down
tramonto   setting, sunset
tramvia   tram, streetcar
tranne   except
trapelare   to leak, to drip
trascinare   to drag
trasferimento   transfer
trasmettitore   transmitter
trasmettere   to transmit, to broadcast
trasversale   cross, side street
travaglio   pain, suffering
travolgente   overwhelming
travolgere   to carry away, to sweep
   away
tremare   to shake
tremito   tremble
trepidare   to be anxious
trincea   trench
trincerare   to entrench
tromba   trumpet
tumefare   to cause to swell
turbare   to disturb, trouble
tutela   guardianship

ubbia   irrational fear
ubbidiente   obedient
ubbidienza   obedience
ubbidire   to obey
uguaglianza   equality
uguagliare   to make equal
uguale   identical

ugualmente equally
ulteriore further
urna urn, ballot
urtare to bump against
utopia utopia
utopistico utopian

vacuo empty
vagabondo vagrant
vagare to wander
valanga avalanche
valutazione valuation, estimate
vantare to praise, to speak highly
vasto vast, immense
vecchio old
vegliare to stay up, to sit up
vendetta revenge
vendicativo vindictive
ventura chance, luck
verboso wordy
vespro vespers
vettovaglie supplies
viatico viaticum, encouragement
vietare to forbid
vigente in force

vigere to be in force
vigilante watchful
vigile watchful
vigore vigor
vilipendere to despise, to scorn
vincolante binding
vincolare to bind
vincolato bound, tied
vincolo bond, tie
vituperare to rail at/against
viuzza alley
viziare to invalidate
volante flying
volante steering wheel
volontariamente voluntarily
volontariato voluntary service
volontario voluntary
volpone old fox
volto turned; face
vomitare to vomit
vorticoso whirling

zelante zealous
zitella old maid
zoppicare to limp

250